紅樓論集

《 認識的基本原型 》

五南圖書出版公司 印行

前言

　　少年時流行的微積分教科書，有一本被稱之為三氏微積分，這本書非常簡捷，講求實用。一開頭談到極限和連續，它用非常簡單的概念，短短的文字交代過去。另外一本厚一點的所謂的二氏微積分。說明的文字部分多了很多，使用比較仔細而嚴密的語言符號設計來說明、定義極限和連續的概念。當時課堂上教授使用二氏微積分。當他講到極限和連續的部分，他沒有辦法滿足我這個少年對這個問題的好奇與了解。當時別系的同學告訴我說他們的微積分的老師在談到極限和連續的時候講的非常的精彩，非常的深奧，很受歡迎，這位同學說他們老師口沫橫飛，手舞足蹈，在講台上面飛舞來去。當時我發現這兩位教授花很多時間糾纏在這個問題上面，好像在談形而上的哲學，他把數學當作形而上哲學來高談闊論起來。我認為他自己都搞不清楚，才會如此。後來我細看二氏微積分這本書，其實已經說得很清楚，定義得很清楚，我自己可以看書解決，只是還有一點點卡到我的神經，還沒有辦法完全的滿意。當時市面上有很多通俗的中文版的一小本專門在談論極限，另外一小本專門在談論連續。這些通俗的書把這個問題說成無比的神祕，無比的深奧，例如談到極限還拿出阿基里斯追烏龜的詭論。不久以後我找到 1966 年 11 月出版的 Johnson 第三版的微積分教科書。當我讀到 74 頁，看到作者用 deleted neighborhood 的設計來

定義極限，那一瞬間我完全透徹，完全滿意，補上重要的這一塊，再也沒有任何困惑，那一瞬間我覺得微積分的基礎穩固建立再無疑問（在比較高等的部分使用 covering 的設計於 uniform continuity 的定義，感覺上比較普通）。老師在課堂上口沫橫飛，一再強調這個問題的深奧，必須要如何如何深入研究等等才能夠了解，當時我斷定那個老師之所以會如此，關鍵在於，對這個問題自己都搞不清楚。簡而言之，deleted neighborhood 的設計解決了問題，之前的晦澀、神祕、困惑完全多餘。這種情形（前提的錯誤或不全，將演繹推論出各種晦澀、繁雜、奇怪的詭論與荒謬），我在前一本書《紅樓文選》前面部分有比較冗長但比較淺易的提醒。這本書深度不一樣，我用非常簡捷但是比較深入的說明，再強調一次。

認識論（epistemology）的問題，數學基礎的問題科學的哲學的問題困惑了無數的學者專家。本人年輕時困惑其中至少十數年之久，最終自行野外求生，終於自行開竅，脫困出迷宮，發現如此的認識論上的基礎問題主要在於知覺問題上面的欠缺真正的認識與了解所導致。

我在中年的時候就發現這個問題的解答；對於知覺問題的真實的了解可以解開、可以避免認識論上面所糾纏不斷的曖昧，晦澀、荒謬與困惑。我曾經寫出頁數甚多的一本書，如今精減為此本書，進一步將全書主旨內涵概要濃縮寫在第 0 篇。研讀此書請全書來回瀏覽，不可遺漏每一細節，同時各單元循序細加玩索，以求融會貫通。《紅樓論集》此書不易理解，請特別留意筆者另一本著作《紅樓文選》仔細研

讀，細加玩索爲要。

　　筆者《紅樓文選》乃爲普汎大眾之中聰明一族所寫。歡迎，同時推薦聰明讀者研讀這本書。至於《紅樓論集》乃爲筆者自己而寫，此書精微獨特。無意顧及他人觀感與意見。但不排斥有心人士以實力來研讀與評論此書。茲爲保持此書超然純淨與的期許，將不予回應任何瑣碎雜質的打擾。關於此書有關性質介紹亦予省畧。

　　且容筆者在此引述個人臉書貼文自況述句，畧表一時主觀心境：永恆歷程中孤獨前行的朝聖客金臂人伯爵大人閣下說：「全世界只有我一個人看到此刻的光景。」

目　錄

第○篇

概述認識的基本原型

　　馬德堡半球、抽水機、托里切利水銀柱等事象，我們對其中任何一種的理解都是把它套入大氣壓力的假設模型之中來了解它；因為套入模型之中就可以按照模型如何操作將有如何的結果的操作因果一種完形整體的預測，簡而言之藉著我們對模型的運作了解預測來了解那個事象。一旦代入模型，那各個事象就獲得了詮釋，得到了解；模型式完形整體操作因果預測的了解。

　　大氣壓力（空氣海）的理論假設模型不是現成呈現，被我們看到，也不是從各個別的事象連結，拼集而成，不是演繹推理，或簡單歸納得出來的結果，而是一種心智的創構想像的結果。理論假設模型超越各個別事象成為更上一層的完形精神建構。

　　感官接受到外來紛亂龐雜的刺激（這些刺激隱藏著外在事物的訊息）。首先這些刺激轉變成為各種感覺，這是腦的創作的第一步（感覺是腦的創作）。洛克把這些感覺稱為物體第二質性。他認為物體這種第二質性就如痛和癢一樣，是心主觀的感覺，不是外在客觀的存在。外來物理訊息的刺激被腦詮釋為各種感覺，進一步詮釋為外在事物的存在的知覺等。也就是說從沒有所謂維度的感覺詮釋成為三維立體空間中事物變化運動各種性質的存在的知覺。

　　知覺心理學教科書裡面看到，提供給感官的外來物理訊息最多從來沒有超過二點五個維度，但是我們卻知覺到三個維度的事物存在運動以及各種變化。從這裡可以看得出來，知覺過程中，心智主動創構詮釋的事實。（不占體積與面積的點其維度數為 0，0 + 1 = 1 是線的維度數，因為線能被點

切割。線的維度數 1 再加 1 等於 2，2 是面的維度數，因為面能為線所切割。面的維度數 2 再加 1 為 3，是為體的維度數，因為面能夠切割體。切割者的維度數加 1 是為被切割者的維度數。）

　　從物理訊息進入，轉變為感覺，從感覺，或者說從不到二點五個維度的感覺訊息成為三維立體的知覺（感覺訊息潛藏外在事物的資訊）。對於感覺的詮釋，把它詮釋為事象的知覺，如此的心智詮釋的過程，被視為一種模型套入的過程，如同大氣壓力或者空氣诲理論假設模型對於馬德堡半球等的詮釋一樣，感覺被詮釋，被詮釋為知覺，亦即被知覺模型假設套入而得到詮釋，成為事物的知覺。如此事物的知覺，主要包含了洛克所謂的物體的第一質性，洛克認為物體的第一質性是客觀存在於外界。（本文後面有延續說明）

　　我們已經來到腦詮釋感覺成為三維立體的知覺，巴克萊提出來的所有一切的知覺都是一個知覺象（percept），完全都是腦的創作，唯存於心。這裡筆者提出說明，這個知覺，這個 percept 是心的創作，存在心裡，我們來到主觀唯心論的說法，全部的知覺到的，描繪出來的知覺的圖像，知覺的現象他的過程，他的存在都在腦袋裡面的心裡面。巴克萊強調的就是這一點，他非常的雄辯（請參考「紅樓文選」第九和第十篇），但是這個存在內心的這個 percept 它不同於任何物理的存在物，卻是一種心智描繪，一種特殊精神過程的圖像，沒有辦法用物理方式或平常語言來說明來類比的一種心智圖像，這種圖像，它發生在一個地方（腦殼裡面、心中）超距描繪空間距離以外另外一個地方（腦殼外面事物

存在的地方）的狀況，這個純粹屬於心所創造的，純粹存在於腦殼裡面心中的 percept 超距描繪了空間另外一處的狀況，描繪了一個獨立於知覺者之外的客觀世界裡面的物體等。在這裡我們要把屬於心所創造的，存在心中的 percept 和這個作為心象的 percept 所超距描繪的客觀外在世界事物的現象做一個區分。洛克說物體第一質性獨立於知覺者而存在，他所說的第一質性和巴克萊所說的第一質性這種知覺的 percept 是不同的東西，一個是知覺圖像、是描述者，一個是被描述出來的客觀事物現象的結果。

看到眼前一顆樹，這一顆樹的知覺心象（percept）始終在知覺者的腦殼內心中。絕不出於腦殼之外。但是這腦殼裡面的知覺心象、知覺過程卻超距描繪出（看成為）腦殼外這一顆樹存在的樣子——這一顆樹的 percept。（這部份非語言所能描繪，但可以經由心智想像理解之）

請用「清醒的白日夢境」的想法來設法了解。

看到面前一顆樹，你以為那一顆樹現成存在那裡被你「看到」。其實你所「看到」的那一顆樹只是你的一個知覺心象，應該說你「看到」一個樹的 percept（知覺心象），或者說你知覺到一個樹的 percept。或者說你腦殼裡面的過程如清醒的白日夢般，「夢成」腦殼外一顆樹的存在。你對那棵樹的知覺，其過程，那一顆樹的知覺心象始終、從頭到尾都在你腦殼裡面，你所看到的，你所「看成為」的在你的腦殼外面那一顆樹的所有的形狀樣子，還有顏色，都是你腦殼裡面的創造超距夢幻般的投射出來的類似於一種夢境。那一顆樹它還沒有被知覺之前真正的狀況是什麼？那是另外一

件事情。

所知所見都是出自於心智主動的創購圖像，這個部分存在於心，但是這個心智的圖像超距描繪世界各種事物的狀況，他是我們如此探尋方式下（感覺到知覺）世界對我們所展露的一種面貌。

整個清醒的白日夢，其過程都在腦殼之內，其為腦的創作。但這夢的過程、內容是一個超距描繪圖像，它寫實的描繪出（看成為）腦殼外的狀況。

我們為自己主動表象所知所見的世界，Percept 不能外於心而存在，我們在清醒的白日夢中過一生。這個清醒的白日夢涵蓋了所知所見每一細瑣的部分，這個清醒的白日夢不同於我們在床上所作的夢，床上所做的夢可以因為在床上夢醒而證明為虛構，這個清醒的白日夢，比床上的夢更為清楚、明白，確實沒有因為醒過來而被證明為虛幻（但是邏輯上沒有辦法排除夢醒的可能性之存在，因為它具有假設的形式，永遠開放給否證的可能，詳情後面說明）。是可以操作驗證，屢試不爽的驗證，所以是一種現實真實的夢境，不是虛幻的夢境，可以確實驗證的夢境。它是夢境，它也是現實的真實的精神圖像，它是我們如此如實探尋方式下自然對我們所展示的一種面貌。此事極致深奧、極致精微，說明如下；

感覺的聯想堆砌、演繹、歸納都不足以成為事物的知覺。而是由知覺模型詮釋成為知覺事象，可看成腦創作的過程，知覺模型是一種完形式知覺假設模型創作建構的功能性精神模型。蘊涵無窮無盡操作驗證預測的精神模型，操作模

型，是對於感覺資訊的完形整體詮釋，對於感覺資訊的驗證預測，視覺容或有它優越的便利性，但是筋肉的感覺與觸覺才是造成操作與維度知覺主要的感覺部分，一個天生的盲人可以擁有空間與事物的知覺，但是一個沒有肌肉感覺與觸覺的人類，即使擁有視覺，也沒有辦法知覺外在事物。

　　從完形知覺模型假設的創購，用來詮釋感覺印象為知覺表象，最基本的諸如物體實體空間三維立體的知覺表象，然後從這些基本的知覺表象上面進一步建構一層一層的模型，包括物理的、生物的各方面。最後我們就秉持著這個層層交織成一複雜整體的模型網絡來看世界，有如戴著一種有色的眼鏡來看世界，我們就是戴著我們所建構出來的如此的模型網絡來看世界，從詮釋感覺信息開始，為自己表象出外在事物的存在圖像，我們已經明白所有我們看到的，知道的每一個部分都是經過我們心智的創造與表象，我們在清醒的白日夢中過一生，一切都是我們心智所製造的夢境，為什麼稱它為真實的夢境，為什麼這個夢境是現實的，是真實的？原因在於我們所創造出來的夢境，是依據（套入）整個建構在先的模型網絡而超距表象出來的，因此這創構表象出來的所謂的白日夢具有模型網絡的架構形式，也就是說可以按照模型網絡的蘊涵，操作驗證的蘊涵預測來加以操作驗證，一個屢試不爽的操作驗證出來的心智圖像，也就是說一個屢試不爽的操作驗證的白日夢的夢境，就被我們假設為他是客觀真實的世界的圖像，雖然他具有假設的性質（源自於模型網絡本身的假設性而來）。面對我們如此內在自構而超距「投射」表象於外的清醒的白日夢境，依據夢境所蘊含的操作驗證預

測而順利操作驗證下去，就是以這種方式經驗到一個客觀的世界的存在（這個夢境，這個現象因為他來自於整體層層模型網絡所詮釋表象出來的，所以它具有整體模型網絡的形式，因此具有整體的完形的操作驗證預測。請讀者特別費神用心理解這一篇內容）。

我們永遠面對我們如此探尋方式下世界對我們所顯露的面貌。相信有人立刻追問，在如此現實真實的白日夢境，也就是說在如此真實的現象後面是否有我們所不知道的，所謂的不可知的物自體之存在？

理論假設模型乃出自於人主動創構的精神模型，是出於精神創構的假設模型，不是現成具體具象呈現被發現。理論假設模型由它所蘊涵的個別事象驗證加以支持或否證，科學史是理論演進史。

人創構大氣壓力（空氣海）理論假設精神模型（操作模型）來詮釋理解並預測抽水機、虹吸、馬德堡半球、連通管、托里切利水銀柱等等個別事象。

如此的理論假設的操作模型，人創構如此的精神模型假設用以理解各個別事象。如此的假設模型可蘊涵出個別事象的操作驗證預測。從這些操作驗證的預測加以操作驗證或否證如此的假設，一再多方反覆操作驗證成立，則將此理論假設精鍊成為常態（常態科學），如此的常態假設模型可以蘊涵預測前所未知的一些新的事象。

以上是最簡單的實例說明科學理論假設創構的事實。

P.S.S.C物理裡面對於拉塞福原子模型的創構過程，其假設創構，實驗設計以及其中的邏輯推理，適當地，迂迴程

度引人入勝，進一步例釋說明科學理論假設建構的實況過程。這是一個非常良好的釋例說明。

當今高能物理用超乎想像的巨型實驗設備（如迴旋加速器）在眼視世界的操作數據與儀表上數據顯示觀察，經過成群專家，先進電腦多年整理演算最後得出（創構）顯微世界中極小微粒的運作模型，其理論假模型的建構同一形式。

科學革命的結構：常態科學（精煉成常態）→異常事象→科學革命→典範變遷（paradigm shift）。科學史是一部理論演進史，科學解釋在於層層模型建構，展示世界的如何的運作，模型解釋乃操作的預測與驗證〔操作定義（operational definition）〕

求事象的「為何？」的解釋就是創構理論假設模型，將它納入如何運作得如何結果的完形整體的操作模型之中加以吻合，從建構心中在先的模型操作因果的完形整體的認識的套入而了解待解釋的事象的性質的操作因果的完形整體的預測，給予模型解釋。因此，所謂「為何？」的解釋就是套入如何模型之中的過程，完形整體的理論假設模型的創構是理解的基本。也就是「為何」的問題就是「如何」的展示。

精神模型不是由各個別事象的拼集而成，不是現成展示在前的資料的拼集，它是精神創構的完形整體的精神模型──「全部整體大於各部分的集合。」完形整體的精神模型可以蘊涵無窮多的可能的驗證事象（操作驗證）；人所能觀測到的各個別事象是有限的個數，而精神模形所能蘊涵的是無限多可能的個別事象的操作驗證預測，這也就是完形（Gestalt）一辭所含的意義。

　　理論假設模型；這模型是精神的，唯有當個別事象代入其中，藉著將個別事象套進模型形式架構之中來理解個別事象，並且藉著個別事象實例呈現來體現模型的具象呈現。—精神模型並無所謂的可見形像。

　　模型是操作的，整體的操作驗證預測，當個別事象代入模型之中加以模型的解釋時，所謂解釋，所謂的理解就是藉著套在其上的模型的操作驗證預測，而知道如何操作將有如何結果的整體預測，這就是理解個別事象的方式。

　　前面談到，腦將外來訊息創作為感覺。知覺假設模型將感覺印象（被洛克歸為物體第二質性）詮釋表象為知覺表象——三維立體空間之中物體以及其性質的知覺表象。這知覺表象呈現為三維立體的表象，是已經涉及心智超距描繪的過程，從腦殼內出去進入腦殼外面，對外在作了表象，作了描繪，描繪了客觀事象——從第二質性詮釋進入第一質性。在知覺如此基礎的表象建構之下（三維空間中物體及其性質，包括運動在內）。

　　從最基礎的知覺建構層面作經驗探索建構各種上層的知識模型假設網絡。例如古典物理的精煉與公式化制定，化學、生物，各種工藝知識的建構，層層相扣整體模型網絡，據之以詮釋表象我們所看到的世界——在我們如此探尋方式下，自然對我們所展露的一種面貌。讓我們在其中工作與實驗。我們所看到的，所經驗到的森羅萬象每一個細瑣的部分都是由我們透過如此地層層創構而成的整體的模型網絡，作為我們觀察世界的眼鏡，詮釋外來感覺影像所表象出來的世界圖像。

　　從我們已建構出來的知識架構中看出來，外來物理刺激給予感官訊息，這些訊息潛藏了外在真實世界眼視觀點的線索，這些訊息刺激由各不同感官經由神經脈衝傳入大腦，大腦將他們「創造」詮釋為各種感覺──各種感官感覺是大腦的創造結果。

　　接下來大腦給予這些感官感覺以模型解釋，將這些感覺納入知覺模型的假設的精神模型之中，表象為知覺對象的呈現，其過程如電動般快速而自動，但仍然是一潛意識的推理過程；是心理精神過程，也就是說知覺對象的呈現──從刺激到感覺到三維立體物體實體與空間與運動的操作知覺表象的呈現都必經由心智的創造建構的過程，而不是現成呈現如所見的樣子。

　　少年時我讀法國物理學家潘加列的《科學與假設》，當我讀到他有意無意提到說；筋肉的感覺（「和觸覺」？）與維度知覺有關，當下我受到啟發。同一個時間我從閱讀中知道荷爾姆霍茲有關「如電動般快速而自動的潛意識推理。」還有心理學教科書所提到的「知覺假設」、「知覺的建構學說」與「直接學說」有關的知識解說，我得到了相當啟發。

　　操作定義、操作驗證、模型假設，精神模型蘊涵操作驗證事象──人類理解，人類知識的本質在於操作應變外在自然（參與介入自然運行之中），知道如何操作如何結果的完形整體的精神模型建構，層層的模型建構，用以了解世界如何的運作，就是知識的本質。世界呈現為可以被人類如以此方式加以理解（理解如何的過程，將「為何」的問題代入其中，得到展示「如何」而獲得解釋，因此「為何」就在「如

何」之中）。

至於世界「為何？」呈現為如此能被如此方式理解，則因為本質上無法建構一個模型（如何的模型）來蘊涵這「為何」，因此它成為永恆的奧祕。

愛因斯坦：「世界永恆的奧祕在於其可理解性」

維根斯坦的《邏輯哲學論叢》（Tractatus）一書中提到：「的確有不可言喻者，其展露自己；它是為神祕者。」（There is indeed the inexpressible. This shows itself; it is the mystical.）（兩處形容詞前面加定冠詞作為名詞使用：the inexpressible「不可言喻者」；the mystical「神祕者」）

「神祕者不在於世界的如何，而是在於它存在。」

視覺與聽覺提供較廣範圍訊息，但是筋肉感覺與觸覺卻與操作知覺關係最具體最直接也最基礎。（操作知覺與緯度知覺關係密切）人不僅觀察自然現象，同時更要操作它；所謂的介入，參與自然現象的控制，這才是知識的本質，也就是在於營生，趨吉避凶，這都與操作有關。

因此整個知識主要結構部份在於層層建構的模型解釋（完形整體的模型建構）而這模型，本質上都是操作的，再高層次的模型最後終必關連到，蘊涵到操作定義，操作驗證實驗上，而最始基的操作在於知覺模型（從肌肉感覺和觸覺詮釋為局部片斷物體實體狀知覺），完形整體實體物體與空間的完形或知覺假設模型的架構。

對於一事象「為什麼？」的解釋，無非就是將它代入、納入一個或層層模型之中，藉著我們對於模型的完形整體全面性的蘊涵操作驗證和因果預測而了解，而解釋了這「為什

麼？」因此所謂的「爲何」的理解就是模型如何運作的展示，而模型假設除了精神的（必須藉代入事象而表象呈現才能藉以具體具象實例之一呈現）、假設架構的、操作驗證蘊涵的，特別是模型是完形整體的，這涉及到認識主體的先驗能力，一人必須有能力創構三維立體實體物體空間表象間的能力，才能夠表象出三維立體的物體、空間甚至運動的表象（腦袋一部分損壞，該人就不能知覺物體的運動，或知覺物體實體狀存在）。

我們所看見所認識的外在世界的模樣或表象，並不是現成呈現在那樣，讓我們發現或看到（如一般樸素的想法）而是經過我們主動創構與表象的過程出來的，人如不具有建構三維立體物體與空間的先天能力就不可能看到、知覺到物體實體與空間維度的存在，腦子裡面某一部分損壞，人就無法辨認物體實體。另一部分損壞就不可能知覺到物體的運動。人活在自己創構的清醒白日夢中過一生。

從各個別事象的理解到知覺創構對於感覺的詮釋，整個知識認識的創構是以層層模型創構對於各個別事象或感覺的（代入）理解，模型蘊涵與演繹，既然模型建構是認識的基礎過程，而知識認識之具有人類心智主動創構成分的重要部分是模型創構而不是資料的拼集，不是現成資料的拼集或演繹與簡單的歸納可及，而是完形整體模型假設的創造，這完形整體創構超越各個別事象與感覺的層次，它是心智天賦的能力，天賦的原型爲基礎之下以心智經驗學習中假設創構，具有演化出來的認識的基本天賦能力的部分。

所謂看到，觀察到，就是我們戴著層層建構在先的模型

眼鏡（包括知覺模型）看外來資訊「代入」層層模型網絡之中，呈現出具有模型架構的表象，藉著模型整體的操作蘊涵而將外在世界表象成知識的形式而加以理解。

「量子力學的哥本哈根詮釋從一個詭論出發；物理中的任何實驗，無論是關於日常生活現象的或是原子事件的，都必須以古典物理的名詞來加以描述。古典物理學觀念構成了描述實驗的安排和陳述其結果所運用的語言。我們不能也不應以其他的觀念代替這些觀念，固然這些觀念的運用受到不確定關係的限制。我們在運用古典觀念的時候，必須把它們可以應用的有效級距牢記在心，但我們不能也不應嘗試去改進它們。」

從古典物理到相對論物理再到量子力學的理論，其中經歷科學革命，典範的變遷。量子力學對於顯微（microscopic）世界的描繪，他的思想網絡異於古典力學的典範思想，儘管古典力學，相對論物理和量子力學之間思想網路有它的差異存在〔例如量子力學和隱變量理論（Hidden Variable Theory）之間的差異〕但是量子顯微世界的理論，仍然必須能夠蘊涵関連到眼視（macroscopic）世界的操作觀察驗證事象加以驗證（事實上非常成功的驗證實驗）也就是說；量子顯微世界的理論表述內容和眼視世界經驗的描述必有其共同架構可供關連。量子力學的哥本哈根詮釋指出了它們兩者共同必須用古典力學的名詞來加以描述。

人類認識外在世界，基本知識的原型，就是從知覺基礎上來一直到科學理論典範的架構都是在於操作模型的完形建構，從牛頓到愛因斯坦到海森堡，科學革命，典範變遷如何

進行，知識的基本原型就是完形操作模型的假設建構。

　　「我們可以說物理是科學的一支，其目的在於描述與了解自然；而任何的了解，無論是否科學，都依賴我們所運用的語言，我們的觀念交通方式；每一個對現象、實驗和其結果的描述，只有賴語言做交通的工具。但我們語言中的字詞代表的是日常生活中的觀念。即使在物理學的科學語言中也僅修飾到古典物理的觀念而已，這些觀念是事件，實驗的設置及其結果不分歧傳達的唯一工具。如果原子物理學家被要求描述一下他實驗裡真正發生了什麼，那『描述』、『真正』和『發生』這些字辭也僅指涉了日常生活中和古典物理中的觀念而已，而如果物理學家放棄了以這些字辭為說明的基礎，他就失去了不混歧傳達的工具，也無法繼續他的科學了。因此任何關於『確實發生了什麼』的陳述只是以古典觀念為語辭的陳述而已……。」（海森堡《物理與哲學》）

　　　中學課堂上老師在黑板前面移動大型的圓規和三角板在空中運動在黑板上作圖，他們默認，沒有明文定義的圓規和三角板不因移動位置改變了大小，簡而言之老師使用了圓規和三角板的物理性質在描述幾何的推演（沒有清楚定義他們），這不像純粹的數學式的數學，歐幾里得平面幾何沒有讓圓規和三角板在空間中運作的描述，當說到作圓時只說到「作一圓」沒說到運作圓規。歐幾里得《幾何原木》的推演完全只有邏輯上的程序在推演，完全是數學式的數學，他的公設沒有幾條，每一條都很簡單平淡無奇的感覺，他的推論公理也就是他的推論規則一樣非常簡單好像平淡無奇，結果推演出像畢氏定理，九點共圓一直到非常複雜美妙一大堆的

定理，那種複雜美妙的程度已經遠遠超出我們直覺直觀可以判定的範圍，所謂邏輯的過程；邏輯只是展示（所謂的推演）前提的蘊含，邏輯並沒有在前提的內容上面加上其他的東西，它只是把前提蘊含的內容展示出來而已，簡而言之邏輯所推演出來的幾何的定理，他的內容全部被包含在那幾條如此的簡單，看起來如此的平淡無奇的公式裡面。數學其他部位的公設推演一樣也是從平淡無奇的前提公設推演出非常迂迴複雜的定理，如果把幾何，代數甚至於三角等合起來一起進行推演，我們可以看到何其多的複雜美妙的定理呈現出來，我在高中的時候曾經被二項式定理，棣美弗定律感到驚嘆不已，只因為特別感到興趣，解析幾何這一門學科我鍛鍊到百煉金剛的地步，深入每一個細節來龍去脈，橢圓平行弦中點的連線為一直線，此直線過橢圓的中心（橢圓的直徑）這個題目其中有一個關鍵的美妙的地方，曾經把這一類題目拿來給同事們欣賞從來沒有一個做得出來，他們的反應是：讓我用微積分試試看，他在胡鬧！到了微積分以後，更多更複雜，更美妙，更均勻，實用性的定理令人嘆為觀止！我的問題是，所有這一些都是從那些簡單明瞭看起來平淡無奇的公設藉由簡單的推論規則，完全只有邏輯的過程，且以歐幾里德幾何為例子，如此平淡無奇的，如此簡單的公設前提，可以推演出九點共圓，畢氏定理等，一直到那麼一大堆如此複雜遠超過我們直覺可以判斷的範圍，為什麼？這個問題我問一位數學系的同事，他的回答是：數學家太聰明了所以想出來的結果。這個回答等於沒有回答，等於廢話一堆。

聰明的數學家為什麼可以從如此簡單平淡無奇的公設前

提，只有憑藉著邏輯的推演，能夠推演出那麼壯觀的眞理？我的問題很單純，我自己的回答也很單純：用圍棋比象棋來比喻更恰當，圍棋棋盤在二維平面上，簡單的黑白兩種顏色的圍棋子可以操作變化出無窮無盡的棋局變化圖案，七巧板因爲可以操作變換位置，簡單的一組積木可以堆砌成許多不同的房屋，一條公設裡面的符號有常數符號可以變換位置，變數符號可以被各種符號取代與變換位置，在變換規則（推論規則）（代換與形變）運作下，一條簡單的公設就有如一個模型一樣可以操作變化出無窮無盡的結果，如果再加上別一條，再加上好幾條的公設同時納入形變規則運作之下的重疊交叉一起的形變之中，可以得到非常豐富，非常壯觀的定理形式出來。語句演算四個公設就是四串簡單的符號串，能夠推演出來複雜長串的符號串，原因在於代換與形變規則的操作形變的功能作用所導致。任一條幾何公設都有普遍性及於整個空間場域的操作模型式的描述，這種操作變化的特性就是導致於從簡單平淡無奇的公式可以推演出形貌不同迂迴複雜的定理的原因。兩個或兩個以上的公設的操作同時交相並用，可以造成非常迂迴複雜的定理的結果。同類的話適用於其他的數學、物理各方面公設推演的狀況。

這些定理他的內容全部來自於公式前提的蘊涵，因爲他是從諸公式裡面形變規則邏輯過程推演出來的，邏輯沒有爲公式增加內容，邏輯只是展示公式蘊含的東西。因此這些定理的內容都在公式的蘊含裡面，從公式到定理的推演證明固然需要聰明的頭腦，但是更厲害的是訂定整組公式的數學家。

　　後面這一段隨性輕鬆的漫談接在後面，暫無理由說明。同樣歸入於斟酌閱讀。

　　歐幾里得幾何每一條公設看起來都非常的簡單透明，平淡無奇，可是它們都是及於整個平面的普遍的動態的普遍操作的敘述，把它看成一個簡單的操作的模型。其它的公式一樣也是雖然平淡無奇，簡單透明可是同樣及於整個平面的範圍，同樣它是普遍的動態的操作的敘述，視為及於整個平面的一個操作的模型，這就是造成從簡單平淡的公設樣貌到複雜定理樣貌的原因。兩個公設，也就是兩個操作模型同時運作，可以得出無數的排列組合的可能結果，一整組的公式一起運作，可以產生的交相層層相疊的組合結果就非常可觀。以上說明了為什麼平淡無奇的公式組，經過邏輯的推演（邏輯只是在於展示公設前提的蘊涵，邏輯並沒有為公設前提另外加上其他內容），可以推衍出如此龐大，複雜，巧妙的定理。

　　語句演算的邏輯推演，從四個公式前提其動態操作的部分僅只經由結合、代換與斷離的形變規則，不同於幾何公設推演。從形式演算推演出大量複雜的定理如此透明的過程更適合用來明白說明我在上面想要說明的內容。

　　歐幾里得的《幾何原本》裡面推演過程，全部嚴格邏輯過程，中學老師讓圓規和直尺離開平面在空間中運動位移，只是一種權宜的措施，他涉及到圓規和直尺的物理性質的隱含描述（隱涵了對於圓規和直尺在空間中位移過程方向上長度恆定不變的定義，涉入圓規和直尺的物理性質，屬於物理式數學）。歐幾里得提出幾個看起來平淡無奇的普遍性的公

式，用來蘊涵整體的幾何定理，這是他偉大的地方。

核心重點說明結束本單元：

科學理論是宇宙或有限部分的模型，理論假設模型只存在我們的心中，它不是事物的本身，是對於事物的描繪，是對於事物的知識。有別於事物的本身。

科學史是一部理論演進史（科學革命的結構：常態科學；精煉常態→異常事象→科學革命→典範變遷）。

從大小事象的理解到科學理論的解釋，都是以模型建構的方式來詮釋與表象。本書特別將如此知識的特質延伸解釋於知覺的層面；人建構知覺模型假設來詮釋感覺訊息，詮釋成為三維立體的知覺表象（知覺到實體狀物體的存在，例如紅色的感覺被詮釋表象為外在蘋果表面顏色的知覺。筋肉的感覺和觸覺被詮釋表象為物體操作的知覺，進而三維立體空間的知覺等。）。如此可以彌補認識論上面始終存在的缺塊，解決根本的困惑，得到融貫理解的結果。

科學理論元目（如原子、電子、磁場等）並非現成被「看到」，而是出自於心智的假設創構。

唯心論的哲學家早已提出；外在個別事物全出自於心造（巴克萊主教說：存在即被知覺，percept 不能外於心而存在。）當今知覺心理學家（例如李納斯教授以及各建構論的知覺心理學家）也有明確指出；外在事物的知覺必經出自於心智的創造表象過程（李納斯教授認為：我們的視覺系統並未重建外在世界，而是從零創造我們私人的宇宙——我們在清醒的白日夢中過一生）。

知覺心理學「直接學說」的看法：「觸動網膜上的光點

本來就是高度組織化，具有高度資訊，直接學說的說法是；不需要中央神經系統進一步解釋和添加意義。我們的感覺系統和外界提供的資訊配合的天衣無縫。吉布森不討論意識和真實世界的基本分野，他相信我們的感覺系統已發展到可以從環境選擇資訊的地步，所以我們的意識並不特別複雜。」（詳情請看內文說明）

知覺心理學「建構學說」指出：從無所謂維度的感覺刺激到外在三維立體在空間中存在與運動的知覺，這其中必然經過心智精神過程主動的建構與表象。

建構學所指出：外來訊息最多不超過 2.5 個維度的訊息，但人確實知覺到三維立體的物體的存在，其中必定難免加入心智精神的主動健構與表象（一個簡單的事實例子：腦某一個部分受到損壞，將不能辨識人的臉孔，另外一個部分損壞則不能分辨物體的存在，另外一個部分的損壞將不能知覺到物體的運動，請見內文）。

有人主張視網膜上的倒立的二維平面視圖是為外物客觀實在的直接映入，無其他精神建構的介入。當被問到視網膜上面的平面視圖又如何經由神經傳入大腦？回答的方式可能是：將視網膜視為大腦的一個部分，或者把視網膜、視神經和整個腦各區域看成為一個整體，如此一來就不再有不同的部分影像傳遞的問題，而是腦整體的統合運作。

視網膜上面倒立二維平面視圖是由感官硬體構造的針孔攝影光學原理而映入，直接學說強調感官的構造足以直接將客觀外在映入，不必經過精神的思想的作用（姑且用軟體部分加以比喻）。前面已經指出，如此硬體映入的部分再怎麼

樣不可能超過 2.5 維度的訊息進入。但是我們卻知覺到三維立體的知覺圖像，因此知覺的建構學說指出來的，心智主動創構知覺圖像的部分不可被忽略。主張直接學說和主張建構學說的人士之中各有非常極端的說法存在（例如李納斯教授所主張，人腦從零創造我們的宇宙，就是一個例子，這裡並不暗示極端就一定錯）。

以上直接學說強調了人體感官硬體功能，直接映入外在客觀訊息。建構學說指出知覺過程中，心智精神主動創作建構的功能之存在。

以視網膜上面倒立的平面視圖為例，它是身體感官硬體構造（針孔攝影光學設計原理）功能下的客觀映入，但它仍然是圖像的一小片段，不是事物本身的一小部分。人的照片不同於自己身體的本身，此外這平面視圖只是整個全視圖的很多可能的平面視圖之一，就算人心智精神思想所建構出來的全視圖（建構學說所強調的心智建構）也同樣只是圖像，不是事物的本身，就如同你本身的全身的全視圖、任何的圖像，甚至於全像攝影。即使畫出你身上的原子（何況原子的圖象不等於原子的本身，請看內文詳述），但仍然只是局部的圖像（是如此如此探尋方式下自然對我們所展露的一種面貌，自然並不顯露全貌。特別是面貌不是身體的本身，不全等於身體的本身，即使你的圖像還包含了生命與精神的部分也是一樣，只是圖像不是本身）。

我們可以不斷地探索改進我們的圖像，盡量逼近「原物」，但是圖像永遠不是事物本身，就如同無論衣服如何剪裁合身，它永遠不是身體本身。

　　以上簡單指出；無論直接學說或者建構學說，所描繪所表現出來的都只是圖像，不是事物的本身。

　　人類從環境中學習演化身體構造和感官的構造適應生存，感官硬體構造有固定的模式反映外在訊息進入，同樣的情形，建構學說提出心智精神知覺的建構，同樣有固定的模式（當然也難免關係到直接的，硬體的部分，例如，筋肉感覺與觸覺對於物體的操作的知覺，進而維度的的建構。）和固定的認識的基本原型。認識的基本原型及於知覺層面起到科學理論的假設建構精神網絡建構。

　　用科學理論假設的建構，其詮釋與表象的模式延伸進入知覺的過程，則對於一眼前物體的知覺可以納入於各科學理論元目如原子、能量、質量、磁場等的理解方式加以類比理解。科學理論元目所具有的心智創構的模型假設性，據之以詮釋而成表象的精神創構性、表象性（無論表象是表象了如何的真實；表象就是表象，表象永遠不是事物的本身）。這些特質應該同樣見之於知覺對象上面。也就是說我們所知覺到的知覺對象 percept 如同科學理論元目，一樣出自於心智知覺假設模型的創構，據之以詮釋而表象出來的結果（不是一般以為的現成的，全部的，全然的自動展示）。

　　心智創構的 percept 乃屬知覺表象創構，不是事物的創構。這 percept 是一心智表象 —— 過程在腦內，超距描述外在的，有如白日夢一般的精神現象（模型蘊涵詮釋表象），超距心象描述外在事物的存在的圖像。

　　主觀唯心論者所謂經典的困惑在於他們把心智創構知覺圖象，理解成，當作心智創構事物。（巴克萊主教錯在這裏。）

　　事實上是，心智創構 percept 知覺心象，這知覺心象超距表象描述了事物的存在。這 percept 是一模型式詮釋下的超距描繪式的的心象表象，而不是事物的本身。

　　各個別空間點上的個別事象的觀察，單位磁極所指方向，受磁力的大小（指針刻劃）到完形整體磁場操作模型的假設建構（不是現成展示的事實，而是心造假設架構），藉此心造模型，詮釋表象一完形整體的磁場表象（只以概念構造存於心中；灑鐵粉空中各種方式所造成的磁場圖象之呈現均只是局部不全）。

　　這模型完形整體蘊涵預測一個場（心所表象的）範圍內無限多點的蘊涵驗證預測，對於場內各時空點單位磁極的受力（磁針所指刻度）與受力方向的蘊涵驗證預測。從個別時空點上的單位磁極的觀察到磁場模型對這個時空點的驗證預測，這模型架構所及有它固有的範圍，是針對如此探尋方式下自然對我們所顯露的一種面貌，但並非全貌表展露，是完形整體的磁場表象，是心所表象，只存在於心中的概念架構，灑鐵粉於空中所呈現的圖像，偵測知覺到的場的形貌只是局部不全，不是場的完形整體表象。我們是概念上完形整體描繪表象該磁場的存在，不是看到，知覺到它的存在。

　　因此，當我們不去看它，或看它，都不影響它的存在的表象。它的存在在於我們主動所建構表象出來的，內容只涉及我們實際在空間中探索的內容，整體預測一種完形整體的描繪，它只是一種局部的圖像，不是事物的本身。他存在的意義在於它完形整體模型式表象，以及模型式驗證預測（各個場內空間點上）之屢試不爽的成功驗證。

　　我們把物體知覺納入科學理論假設模型的過程加以理解；且讓我們拿磁場的存在和物體的實體知覺加以類比說明；且用灑鐵屑來表象磁場的形象；假設磁場可以反射光波，則可以看見磁場的樣子，再假設磁場可以被我們觸覺觸摸。如此的視覺上的呈現，如此的直接看到與實體狀操作，一樣不影響該磁場的存在與否的表象。

　　也就是說，有沒有看到，知覺到無關其存在與否的表象（這存在是我們所新造的表象）。

　　現在來到一物體的存在問題，物體存在的表象，其一包括質量的存在爲主要。質量的存在，就如其他科學理論元目的建構與表象概念式建構與表象（具有假設的性質），物體存在與質量存在有關。質量的存在可以納入科學理論元目的存在的理解裡面。

　　磁場的存在和物體知覺存在的比較；一爲科學理論元目之假設創構與表象；一爲知覺過程（知覺假設建構，以詮釋而表象物體實體狀表象）。兩者同納入認識基本原型；模型建構，詮釋個別事象。都是心智精神完形創構（與表象；將這心智心象式功能描繪當作一事物實體對象，進而把心造心象 percept 誤以爲心造事物物體，導致謬誤產生。巴克萊主教就錯在這裏。）。

　　單位磁極在空間中個別點上的受力（刻劃讀數）和方向（**對應於筋肉感覺和觸覺在物體個別點上造成的觸覺和操作知覺，從各點上的知覺探詢，完形整體的知覺心象的建構**），這單位磁極在個別點上的探詢結果被據以建構完形整體的磁場模型表象的磁場圖像〔三維立體空間的分布，包含

數學演繹結構如；磁極強度乘積成正比，距離平方成反比，位能和距離成反比（積分）〕，據之以詮釋表象磁場圖像（唯有心智完形整體表象的精神圖像才完整）詮釋預測場內各點的磁針方向與受力大小。

　　各個別點上觸覺與筋肉感覺被心智知覺模型建構詮釋表象爲物體操作知覺，再從各點上的知覺物體實體操作知覺探詢，心智假設建構一實體狀物體表象。個別點上的知覺（包括實體操作的知覺等，如此探尋方式下呈現出緻密實體狀表象，但原子物理的科學的假設建構所表象出來的物體形貌和我們的知覺表象不同），磁場和物體知覺表象都不是現成全面整個展示被我們直接觀察到，而是經過心智模型假設創構、據之以詮釋與表象建構的心造過程而呈現。全部都具有假設的形式，與探索範圍的局部性。

　　個別事象的接觸探尋到理論元目的心造的建構與表象；

　　個別感覺（觸覺與筋肉的感覺之外，視覺有它的特殊與便利性）全部納入完形整體的部分關係分子。完形建構實體狀表象。特別提醒，物體實體狀知覺，如同其他科學理論元目一樣，具有心造完形模型假設架構性質。個別點上探測與驗證對於整體心造表象性。表象的局限性。

　　精神模型不是一個靜態物體或狀態，它是操作模型因果架構式蘊涵預測的心理功能精神模型，由它所表象出來的完形整體的精神表象，一精神的功能的整體性描繪，是一種功能性、圖像性、描繪性，不可被視爲一靜態的事物主體！

　　A1.（A1 和 a1 對應方便類比說明。）單位磁極在空間各個別點上所受磁力（刻劃讀數）、磁極受力方向。

a1.（A1 對應 a1，以下依此類推）。各個別空間點上筋肉感覺和皮膚觸感由心智建構在先的知覺假設模型詮釋為物體（局部片段的）實體的（操作）知覺。心智從各點的局部片段的物體實體操作知覺，建構一特殊完形整體的個別物體實體狀心象表象，有如科學理論假設元目的創構與表象，如磁場的建構與表象。

A2. 心智創構完形磁場精神模型（每一點上的操作驗證預測——預測其受力大小與方向）是為心造精神的，功能性的精神模型，不是一物件，不是一靜態圖像。a2. 人出生不久即建構成的完形知覺假設精神功能性模型（具有先天與生俱來與後天經驗學習的部分）用以詮釋各個別點上的感覺成為知覺（對於一物體實體的知覺——筋肉感覺和觸覺詮釋為局部片段物體操作的知覺），再由各點上的知覺的探詢，心智建構完形整體的個別物體實體狀知覺表象即 percept（精神建構功能性，非靜態對象）磁場的精神模型（這是精神模型構造）。A3. 藉著代入各個別點上的單位磁極的驗證，表象磁場整體心象，假如用鐵屑或磁針分布，可作具象局部的磁場表象）。a3. 完形整體的各點的知覺的驗證預測表象出完形實體的個別物體知覺表象 percept。

精神模型（知覺模型詮釋感覺為各個別點上實體操作知覺。接下來心智從各個別點上的實體知覺建構表象出個別實體狀表象（是心象）各個別點上的局部實體操作知覺是由知覺模型詮釋感覺而成。我們面對的永遠是我們心中的心象（它超距描繪腦殼外的物體實體心象，心象具模型操作形式蘊涵每一點的操作接觸驗證預測。）

　　我們面對自構的心象（具模型假設形式）從其模型式蘊涵的驗證預測順利操作驗證（屢試不爽）由此經驗到一外在物體的知覺，此種各個別具體事象的綿密集合和心造心象完形整體的建構的差別，在熟練經驗過程中被心智統合完形建構成一體，沒有痕跡。覺察不到它們之間的分別。知覺過程在潛意識推理過程中如電動般快速而自動進行。

　　再簡化解釋；我們看到前面一塊石頭，也就是我們知覺到一塊石頭的存在，也就是我們的感官頭腦把外來的感覺刺激詮釋成為一個知覺心象 percept。說我們看到一塊石頭，不如說我們知覺到一塊石頭存在於我們的面前，更不如說我們有石頭存在的知覺心象 percept 的產生。

　　巴克萊主教說：凡感知都是個 idea，idea 不能外於心而存在！

　　所有一切的認識的過程都必定是精神的、心理的過程。外在物理世界的存在狀況，必然必須要經過腦殼內部內在精神心理的過程來加以表象。內在腦殼內的過程的知覺心象 percept 用以描繪腦殼外物理事物，這腦內的 percept 描繪表象了腦殼外的物理事態（例如表象了一堅硬緻密的物體表象）。這由內而外的 percept 的隔空超距表象（腦殼內無任何精神之外的物理事物如銀幕照片等設施，是純粹精神過程；物理事象純由精神過程表象出來）可以用想像、作夢（清醒的白日夢）來加以類比理解。想像與作夢都是精神創構過程，percept 就是具有心智的建構的成分，外在世界並不是現成一覽無疑展示被我們「看到」，而是經由 percept 等等的心智創構所表象的部分。

　　即使最堅實的物體存在的認識（知覺）亦必屬精神心理上的腦殼內部過程的表象，我們所能直接接觸與面對的唯有腦殼裡面精神的過程。percept 這知覺心象不是物體式的圖像，不是任何靜止狀態的心像或物像。面對一 percept，從一個別感覺的詮釋表象（從感覺到一般性物體實體狀操作知覺的知覺模型式詮釋），知覺心象乃是以知覺模型套入詮釋表象而成（成物體模型式操作知覺），我們同樣以模型眼鏡面對，因其具有模型形式架構，它蘊涵無窮多個別點上面操作知覺的感覺驗證預測。簡而言之，這知覺心象乃整體模型的詮釋、表象、以及模型式操作驗證的全面預測的心智創構預測演繹的精神過程，知覺的部分如電動般式自動而快速的潛意識推理過程（仍然是一心智創構與推論的過程）。percept 不是一單純的事象而是一動態忙碌精神過程。

　　請反覆回顧本書全文，細加玩索。

第一篇

感覺產生於腦殼內

　　感覺產生於腦內，感官接受到外來物理訊息的刺激，由神經的生物物理，生物化學的過程傳入腦內，導致腦內感覺的產生，被看成外界物體的顏色、聲音、冷熱等等質性（物體的第二質性），事實上如同痛或癢的感覺，所有的感覺一樣都是產生於腦殼之內。說物體第二質性，或說各種感覺出自於心造是不無道理。（附帶一提：以「可見光」為例，可見光涵蓋了從紅光到紫光的波長光譜。但是可見光僅占電磁波譜的不到十兆分之一。）

第二篇

從感覺到知覺必經腦殼內心智的建構詮釋與表象的過程

　　知覺產生於腦內過程的創構，知覺心象、知覺表象是腦內過程的創構，事實至爲明顯。

　　當我們看一物、知覺一物時，物體並沒有進入感官，沒有進入腦部，關於物體第二質性已如前篇說明。就物體第一質性而言，且以視覺爲例，外來視覺物理訊息經眼球光學過程在視網膜上面形成二維顛倒平面視圖，從視網膜經視神經到腦的訊息傳送並無第一質性整體進入的物理過程圖像。但是我們卻看到一物，知覺到一物，很明顯，這其中有心智主動創構的過程在內。

　　知覺的直接學說頂多只能夠指出，外來客觀物理訊息（這訊息屬客觀、非心智所能主觀任意指定）蘊藏客觀線索供心智建構知覺之用。同時，知覺的建構學說必然不在於聲稱心智無中生有地自由創構知覺。

　　知覺的直接學說的說法：（這一段摘取自 John B Best 原著，黃秀瑄、林瑞欽翻譯的《認知心理學》第一一六頁起的「知覺直接學說」的片段）

　　「觸動網膜上的光點本來就是高度組織化，具有高度資訊、直接學說的說法；不需要中央神經系統來進一步解釋和添加意義。我們的感覺系統和外界提供的資訊配合得天衣無縫。吉布森不討論意識和眞實世界的基本分野，他相信我們的感覺系統已發展到可以從環境選擇資訊的地步，所以我們的意識並不特別複雜。」

1. 流動模式

　　這一現象是當環境中的成分從一位運動著的觀察者身邊

流過時產生的，當火車穿越鄉村時如果往火車窗外看，你將會看到像靠近鐵路的房子這類物體飛快地從眼前掠過，而遠處的樹木卻移動得很慢。這是一個**運動視差**的例子，它是一種深度線索，但吉布森強調整個視野的流動而不是單個物體的相對運動。

吉布森特別研究了飛行員起降經驗背景中的**視覺流動模式**（OFPs）。當一位飛行員接近著陸跑道時，他正在尋找的那一點看上去似乎一動不動，而視野中的其餘部分看上去似乎遠離這一點而去。這些視覺流動模式被用來給飛行員提供關於方向、速度以及海拔高度的資訊。

我們在這個世界中來回移動，視野的變化是可以預測的，在不同的時間內，我們在空間中移動，視覺陣列的某方面會改變，其他方面不變。不改變方面有時被稱為不變特徵（invariant features）。比方說，視覺陣列的不變特徵是：擴散中心總是我們朝著移動的那一點。視覺陣列中可變及不變特徵所形成的類型是一種視覺活動類型（optical flow pattern）。視覺流動類型提供飛行員有關方向、速度、高度的資訊，但是我們這些受限制於地面上活動的人也能使用這種航空的視覺流動類型。

汽車快速過橋時朝著正前方橋盡頭一同標點的環境視線活動類型，愈靠近汽車，視線活動得愈快，各處皆然，唯汽車的方向目標點例外。

2. 紋理梯度

沙中稜紋的紋理玻度，如果由上往下看，每一沙稜距離

幾乎相等，但是如果由地面上來看，距離愈遠時，沙稜之間似乎彼此愈來愈近。

一九五〇年代，吉布森發展出紋理坡度和視線流動來反駁傳統的看法。傳統的看法認爲網膜影像不足以解釋知覺的產生，他認爲網膜是否有此能力和知覺無關，反正我們看不到網膜影像，爭論其功能不會有什麼結果。相反的，吉布森認爲知覺的基礎不是網膜影像，而是一組不變的特徵。

3. 水平比率

這是物體地平面上的部分被地面部分分割的比例。水平比率主要是指，當兩個同樣大小的物體在同一平面上時，它們的水平比率是相同的。

4. 直接知覺

根據吉布森的觀點，環境中的不變因素直接引起知覺。吉布森似乎能夠解釋在視覺背景中我們確定物體空間位置的能力。

5. 光列陣

吉布森認爲知覺的起始點應該是光列陣（自然界中光的結構或者模式）在視覺環境中觀察到物體及其表面和紋理結構，這是因爲光線到達他（或她）的方式是由物體本身決定的。這種光線結構極其複雜——因爲會聚於觀察者的光線來自場景的所有部分。

‧描述刺激的正確方式不是依靠視網膜上的映射而是依靠光列陣。

‧對知覺來說，重要的資訊是通過觀察者的運動得到的。

・光列陣的主要成分是一種不變的資訊（也就是說當觀察者運動時資訊保持不變）。

・正是這一固定不變的資訊產生了知覺。

　　吉布森的學說不是有關空間本身的知覺，而是光線如何由物體反射，由地面反射，形成其組織。

　　吉布森本人很少關注生理機制，但是近來這方面的研究支援吉布森的觀點。例如，有研究表明靈長目動物中就有神經細胞位於外側紋狀皮層，這一部位只對如臉這類複雜刺激有反應（Bruce et al., 1981）。還有這樣一些神經細胞，它們從視覺經驗中學習感知特定的形狀（Logothetis & Pauls 1985），甚至當我們來回走動或者在不同的光照條件下觀看刺激時，它們使我們感知到環境特徵的不變性（Tovee et al., 1984）。生理學家似乎正在尋找解釋吉布森所描述的直接知覺的一種神經細胞。

　　然而，事實卻是，知覺的直接學說所提出來的流動模式、紋理梯度、水平比率等等如同前面所說的，雙眼線索、單眼線索，以及前面所略提過的各種總計不超過 2.5 個維度的訊息，完全只能視之為立體知覺的線索，而不是直接的知覺的整體。

　　以深度線索為例，兩眼線索、輻合、單眼線索（交疊或者重疊、相對大小、視野中的高度、紋理梯度、線條透視、空氣透視、陰影、運動視差）這些資訊是提供知覺的線索，而不是直接的知覺的全部整體。（此外，潘加列提到，肌肉感覺是造成維度知覺的重要因素之一，下文將進一步就操作知覺加以說明。）

　　因此（依據第一篇到第二篇），知覺的整體免不了心智的創構（完形式的）詮釋與表象，更不用說概念到理論的層次了。

　　舉例說明：腦某一部分受損，則無法看到物體的運動（必須經由別的感官訊息加以判斷），腦其他部位受損則無法辨識臉孔，另外部位受損則無法辨識一些物體，即使如運動和物體的外形如此「客觀」的事象都必經心智的表象才能被知覺。

　　心智頭腦以其演化而來的構造功能，適於從感覺經驗中學習建構知覺模型網絡用以處理外來客觀感官訊息，整理感覺印象，從其蘊藏的線索中，進行潛意識推理（過程如電動般快速而自動）完形創構詮釋與表象知覺心象，以此知覺外在事物的存在。

第三篇

腦殼內對腦殼外超距心智表象

　　知覺過程全部產生於腦殼之內，知覺心象必先出於腦殼之內心智所創構、詮釋與表象，然而全然腦殼內過程，不出腦殼的心象過程卻超距表象了（描繪）腦殼之外客觀世界中客觀事物的存在與運作。所謂超距是指起迄之間無任何物理訊息，或介質傳遞，亦無承載銀幕，純屬精神現象。

　　腦殼內對腦殼外的超距具體具象的心象表象此一心智心象過程非物理過程所能展示說明或類比說明，可以用夢加以比較說明此一普遍現象。夢的現象就是一種超距表象的過程，知覺過程可被類比為清醒的白日夢，進而清醒而真實的白日夢，床上做夢是腦殼內臆想表象了腦殼外的事象，卻是虛構的表象，知覺此一清醒真實的白日夢卻是腦殼內清醒表象了真實的心象，真實表象描繪了腦殼外一些客觀的事實。

　　其過程如電動般快速而自動，但仍然難免於心智運作過程，是一種潛意識推理過程。

　　類比說明：夢，清醒的白日夢，真實清醒的白日夢，反映客觀的心智表象，真實的經驗，以及其具有假設與驗證的形式。

第四篇

知覺是完形的建構，
不是感覺的拼集

　　感覺的機械連結、聯想、拼集不足以成為知覺，各個別事象的拼集不足以成為一理論，從無所謂維度的感覺，或從小於 2.5 個維度的感官線索到三維立體外在客觀物體存在的知覺必定經過心智創造性的創構（詮釋與表象）從各個別事象到一理論假設亦然。

　　這裡所謂的創造、創構不是資訊的拼集、聯想、演繹與單純的歸納，而是一種完形整體、有機客觀實體狀的創構、詮釋與表象。

　　我們之所以看到一實體狀物體（具有各種知覺恆常性）在客觀外在環境中存在，並不是因為有現成呈現的對象讓我們一目了然、一覽無遺直接「看到」，而是腦殼內心智處理感官所接受的物理訊息，整理所引起的感覺印象，經由完形創構的知覺模型的詮釋與表象，表象為外在客觀物體存在的心象表象——知覺恆常性的完形建構與詮釋和表象。

　　蘋果的香脆、表皮的顏色等等感覺明顯發生於腦殼之內，但腦把它看成為在腦殼外的外在空間之中的一個蘋果所發生來的（香脆加顏色）。

　　蘋果的立體實體狀等第一質性、各恆常性，全都是在腦殼內的過程所建構與表象，表象發生與過程在腦殼之內，表象內容卻超距描繪腦殼之外的景像，所謂超距表象是一精神的超距表象，腦殼內到腦殼外無任何物理過程的訊息傳送，腦殼外無任何承接「銀幕」。

　　一切的感覺知覺都是腦殼內的過程所產生的精神現象，簡而言之，清醒的白日夢的過程全都在腦殼內，這夢的內容卻超距表象，也就是超距具象描繪腦殼外的事象，如此的精

神事象無法用任何物理事象加以展示說明或加以類比說明。
倒是夢這種實際發生的精神現象可以非常方便用來作為例示
說明。

第五篇

由創構與假設，從主觀走入客觀

　　經由上述如此完形創構超距表象了外於腦殼的事態，心智以此完形創構、詮釋演繹與超距表象的過程，由主觀走進客觀，跨腦殼而出，走出唯我論和主觀唯心論自造的困境。（有關心智潛意識知覺過程，其完形建構、假設建構之真實性等問題，下文有略進一步說明。）

第六篇

科學理論假設的建構，
類比說明知覺模型網絡的建構

　　科學理論元目的創構，從其蘊涵的各個別驗證事象加以驗證支持否證的模式。

　　且以大氣壓力的理論假設爲例作爲說明，人直接觀察到的是虹吸現象、抽水機等具體具象現象，然後創意構想大氣壓力理論假設（空氣海）此一有機精神模型用以解釋虹吸、抽水機等等現象，並預測馬德堡半球、托里切利水銀柱高度隨距海平面高度增加而變低之定量關係預測，從這些蘊涵預測事象的觀察加以驗證支持。

第七篇

科學理論假設建構的模式和
知覺模型假設建構的模式
兩者之間的比較

此處筆者以自己的語言述說自己特別的想法，請盡量參考本書各章節。

棋賽進行範圍，進行規則全然限於棋盤之內，與外在經驗世界斷開關聯，棋子運作規則出於約定設計、規則及於棋盤及棋子，全都作成一普遍精神模型式設計。

此處所謂的精神模型是指心智運作肢體對於外在環境的操作模式。

棋盤上棋子操作的精神模型是約定而成，棋子運作是明文約定而成（棋盤及棋子物理性質等等被視為在先的事實其實也是經過心智的約定建構與表象在先，這一部分請看本文最後部分加以交待）。

精神模型有各種不同的樣貌，亦有共同的基本原型，那就是心智肢體對外在環境的操作；在時空中事物的操作的普遍模型。

如上所述，棋藝規則和棋盤棋子物理性質（後者亦必先出自心智主動約定建構與表象），全然必須先出自心智約定建構，棋藝的整體出自心智主動建構與表象，其精神模型所蘊涵的操作驗證預測受到下棋雙方的約定遵守而得到驗證，使得棋藝規則此一普遍精神模型約定成立。

棋盤上面，棋盤範圍裡面有它的世界，這世界裡面有它的普遍規律、齊一與因果，因此可供邏輯推論，操作預測驗證。

當我們說到棋藝之為精神模型時，棋子棋盤均為抽象心智構造，並無特定形狀或大小材質之棋子棋盤作精神模型之唯一表象，而是各以其操作規則模型中之部分關係分子加以

定義，可以由各特殊具象的棋子棋盤加以表象，抽象的棋子其運作規則有如一公設的規則。

　　抽象棋盤與棋子的世界容或與數學與現實經驗物理世界有共同基本原型相似之處，但基本上彼此是各自分離的，人們大致不至於企圖從棋盤上的世界去找尋、推論、解釋，數學的或物理的或生物或精神層次的世界的實況。

　　作為數學式數學的幾何學有別於物理式的幾何，後者被視為經驗科學物理學的一個部分。

　　數學式的幾何以及各純數學的學科，可以被視為約定公設設計、邏輯演繹的學科，類似於之前上述有關棋藝設計與演繹的過程。除了自然數是上帝創造，其餘各種數都是人為設計，事實上即使自然數，此一抽象數學元目亦難免於心智設計過程（當用之於物理世界，可用以符映事實經驗操作）。

　　不占面積的點、不具寬度的線、觀念的圓、抽象的數，這一切都在人類心智概念設計網絡之內。

　　審視這心智設計的數學世界，原則上它不涉及外在經驗的物理世界諸事物，雖然整體數學的抽象思惟架構，如同上述棋藝過程的思惟與操作和對於外在物理世界的經驗知識的架構有其相似之處的所謂的共同的基本原型（即是人類先天心智與肢體構造對於外在客觀環境的模型式操作驗證與適應的反應模式）。

　　正如不走出棋盤，不進入真實世界即無法探知經驗物理真實知識。

　　同樣地，僅只限於審視自己心智建構的純數學概念網

絡，只戴著純數學的眼鏡，排除真實經驗知識的眼鏡是無法看出任何物理的真實的（這是一件至為簡單易懂的事實）。

想像一個皓首窮經的老教授，一生研究一門高深數學，他仍然有可能根本不知道時間和空間真實的基本的物理性質。

許多數學的門外漢常以為數學家在窮究萬物，然而數學家自己本身知道他們的真實的作為與貢獻，也有一些數學家似乎進而認為物理學家可以窮究萬物到終極的現象。羅素後來好像曾經說過事實上他應該學物理。

更多的人或者說大多數的人普遍認為物理學可以窮究萬物，到了無所遁形的極致，反倒真正了解物理的人士知道物理學的貢獻之外也明白事實不是一般人普遍所想的那樣。

簡單例釋說明科學理論假設的創作建構——一種有機整體精神模型創構，不是因果機械連結、現成材料堆積、不是單純的演繹與歸納。

以大氣壓力的理論假設為例，類比推衍到其他各理論假設。

人直接觀察到的是虹吸現象、抽水機等等具體具象現象，然後創意構想大氣壓力理論假設（空氣海），此一有機精神模型用以解釋虹吸、抽水機等等現象並預測與驗證馬德堡半球、托里切利水銀柱隨距離海平面高度的增加而變低之定量關係預測與驗證。

這大氣壓力理論假設不是現成事象機械連結而成、不是現成資料堆積而成、不是機械演繹與歸納而成，而是心智創作的有機精神模型，蘊涵無限多具象操作驗證預測事象。

　　同類的話可推衍適用於各科學理論假設的創構。

　　當數學式幾何用以符映物理經驗事實，它成為物理式幾何，成為物理學之一部分，例如歐氏幾何用以反映牛頓—歐幾里得物理空間，物理空間裡面的齊一，因果許多普遍的特性經由人心智創構約定而成的精神模型加以反映。

　　上述大氣壓力此一理論假設精神模型的創構實例所提示的各物理理論網絡的創構本質，加上上述物理式數學的創構與反映的事實，使我們留意到如下一件事實；

　　如同我們創構棋藝模型規則，我們也一樣創構科學理論假設精神模型用以詮釋與預測各具象驗證事象。

　　只是棋藝規則和數學式數學的公設架構純出自心智約定，而科學理論假設創構還必須建基於經驗，加以經驗驗證支持或否證。

　　從大氣壓力理論假設的創意構想的例子可以看出各種各樣科學理論假設元目的知識如原子、電子等等都必先起於心智的創意建構而進入知識網絡，不是現成呈現被我們被動發現，整個科學理論假設的元目及其精神模型網絡架構必先起於心智的內在建構——如同棋藝規則、數學公設架構一樣。

　　正如同數學式幾何經心智內在約定建構演繹之後，由於其符映於外在物理經驗事象驗證，成為物理式幾何，納入物理知識網絡之中，如歐氏幾何對於牛頓物理空間的反映，非歐里曼幾何對於廣義相對論的反映一樣。

　　物理理論假設元目及其精神模型網絡一方面屬心智內在創意建構，但如此有機精神模型蘊涵各個別具體具象可供直接觀察操作的驗證事象預測，從這些驗證事象加以觀察操作

驗證，用以支持或否證該理論假設之成立與否，請從大氣壓力理論假設的例子當中去了解，心智如何從直接觀察事象開始到創構理論假設，然後從理論假設又蘊涵各種更進一步的直接觀察的具象驗證預測加以預測與驗證其假設。

　　上面論述中，一方面說到心智創構的精神模型，一方面說到和它相對照的直接觀察操作的具體具象的驗證事象預測。

　　此處進一步指出，上述科學理論假設元目以及整個精神模型網絡固然必經心智創構在先，不是現成呈現，其實**即使那所謂的「直接」觀察操作直接知覺的驗證事象，如果進一步加以理解，其知識的形式也如同科學理論元目與整體精神模型網絡一樣並非現成直接呈現，而必經心智的建構與詮釋**，我們直接接受的唯有感官的感覺而不是現成的知覺物體進入五官，五官接受外來刺激，經由神經系統傳到腦部，腦部加以處理，將之納入已經建構在腦中的知覺模型網絡加以詮釋而表象，才有知覺事象的呈現，因此我們可以大略地說，那所謂的直接觀察操作的具體具象事物知覺的呈現也是難免於心智主動建構與詮釋的過程，如同那科學理論假設網絡及其元目一樣。

　　簡單說明如下：對於外物的知覺，外物不是現成呈現，等我們被動看到它。

　　並沒有現成的事物事象直接進入感官進入腦。

　　進入感官的唯有物理訊息刺激，經神經傳入腦。

　　由神經傳入腦部的訊息不是直接拼集為知覺心象，而是經過心智頭腦的過程才呈現為知覺心象。

　　從各種蜂擁而入的感覺訊息到整體具象事物的知覺心象，其過程不是直接機械聯想的過程，感覺刺激的機械拼集不足以成爲一三維立體事物動態知覺圖象。

　　心智如何主動過濾、選擇組織、詮釋這些感覺刺激，其過程可以稱之爲潛意識推理，如電動般快速而自動，但仍然屬於心智主動積極的推論詮釋過程。

　　本書最主要的特色在於以科學理論假設的精神模型的創構、驗證與詮釋的此一人類認識的基本原型套入知覺模型網絡的建構，驗證與對於感覺訊息的詮釋與表象。

　　如同從各個別事象的觀察探詢，創構科學理論假設，從其蘊涵的驗證預測事象加以直接觀察驗證支持（或否證）以及科學理論假設對於各個別事象的詮釋與理解，心智從感官刺激訊息經驗中建構知覺模型網絡，從其蘊涵的感覺驗證預測加以驗證支持，當接到外來感官感覺訊息，心智即依據建構在先的知覺模型網絡加以詮釋，表象爲具象的知覺心象，加以模型操作式理解。

　　精神模型是整體操作的心智理解形式，從感覺到知覺到概念到科學理論都同此認識的基本原型。

　　一個別事象因代入套入一科學理論網絡之中，從該模型的操作因果脈絡而了解人對該事象的操作因果即爲獲得詮釋與理解。

　　知覺對於感覺的詮釋亦同此模式，隨意肌的感覺與操作知覺與空間維度的知覺具有密切的關係。

　　從感覺訊息到知覺的過程具有心智主動推論創作建構的過程，不是機械的聯想而是有機的完形整體的模型式創作建

構詮釋與表象。

從感覺到知覺進而概念、理論，心智從經驗中觀察學習、創作、建構、詮釋與表象都有其共同的基本原型，人創作建構層層的精神模型網絡用以預測、詮釋與理解個別的事象，最底層的驗證在於感官感覺訊息的刺激。

李納斯教授認為知覺有如清醒的白日夢，意指心智創作知覺心象如同創構夢境一樣的事實。

所知所見一切必經心智創構、詮釋與表象而後呈現，我們是在清醒的白日夢中過一生，即使每一具體具象的知覺事象之呈現，全都在清醒白日夢的範圍之內。

我們用科學理論假設精神模型看各觀察事象，有如戴著一個建構在先的有色眼鏡看各種事象，加以詮釋與理解。

例如我們戴著大氣壓力的理論假設的眼鏡看抽水機、虹吸、馬德堡半球等等，將這些具體具象的事物代入那大氣壓力（空氣海）的理論假設模型之中，以作為整體模型其中一部分關係分子而詮釋理解——從整體模型操作而了解其操作因果。

類似的情形，我們戴著知覺模型網絡的眼鏡來觀察處理感官收受的感覺刺激代入模型網絡之中，加以詮釋表象與理解，所謂的理解就是以作為模型的部分關係分子而知覺整體的操作因果——隨意肌的感覺與觸覺和時空維度以及物體與運動的知覺關係至為密切，視覺以及其他感覺對於知覺的重要便利性亦同。

我們用自己從經驗驗證中創構而成的精神模型網絡漁網下海撈魚，用如此自製的有色眼鏡看世界，魚網的形狀大小

和眼鏡的度數與顏色分別決定了撈到的魚的形狀尺寸，以及所見世界顏色與表象——外在世界並非現成呈現讓我們一覽無遺，在我們各種探詢方式下大自然一一為我們展露它的各個面貌，顯然大自然並未現成展露全貌。

即使我們自以為直接看到的各種事象也不是如一般所想的，現成呈現，讓我們被動地看到它，而是經由我們主動探詢學習建構詮釋表象的過程而後看到與理解。語文運作過程的幾個特徵可以方便對照類比用以說明知覺過程的幾個特徵：全都非現成呈現，全都必經過心智學習建構詮釋與演繹過程。知覺到一些事物有如閱讀到一些語文（知覺過程有如閱讀感官傳來訊息），知覺的結果（如知覺到一物體的存在），以及閱讀或交談的結果（例如一些景物事物所描繪或指稱）全都不是現成呈現，而是必須經過心智創構、詮釋表象與演繹的過程。

這過程往往都是如電動般快速而自動的潛意識推理過程。

沒有人一出生不經學習即懂得一種語言，同樣的情形，剛出生的嬰兒其知覺能力幾近一片空白，必須從感覺訊息中學習，逐步建構知覺模型網絡架構，用以詮釋外來感官訊息，加以詮釋表象而知覺到一事物的存在，其過程大都如電動般快速而自動，在潛意識中進行。

我們為自己表象了所知所見世界每一部分。

認識網絡的創構需要經驗操作學習，即以牛頓第一運動定律如此始基的建構，也是從伽利略在斜面上滾彈珠的實驗中進一步加以創構而成。

　　上一世紀之前不少人認爲各種物理理論遲早可以從牛頓力學蘊涵推論出來，事實上，時至今日仍不難看見人們類似想法，以爲光憑物理知識架構可以蘊涵解釋或否定所有生命與精神的事象，當然用之於否定所有靈異與神明更是理所當然。

　　事實上即以牛頓力學而論，牛頓的運動學不能蘊涵推論出他的重力理論，而是必須要從經驗探詢與心智創意建構中，將重力理論納入牛頓力學之中豐富了牛頓力學。

　　同樣的情形，牛頓力學不足以蘊涵磁與電，而是逐步經驗探索、心智創構，將磁與電、電磁理論納入一更爲廣涵的物理知識架構中，豐富了物理學（在認識的共同基本原型之中結合成一精神模型網絡）。

　　另一種頗爲普遍的想法以爲從物理知識架構中可以蘊涵推論詮釋理解整個生命與精神的事象，或否定生命與精神之存在，將之歸屬於唯物機械過程的副現象。

　　當然物理知識架構用來否定一切的靈異與神明更是得心應手，好像理所當然，不證自明。

　　我們不可能從自構約定的棋賽規則中，整個棋藝內容網絡中去推論經驗物理世界，不可能從自構約定的純數學的公設架構演繹中閉門造車式的推論出經驗物理的世界（物理式數學屬物理學的部分，是從經驗驗證與符應中建立）。

　　困守棋盤上的心智不可能從棋盤內的世界推論理解棋盤外的經驗世界。

　　一個限於純數學公設架構演繹世界的皓首窮經的老教授以及他所展示的高深莫測的符號公式，有可能不食人間煙

火，甚至連空間時間、物體的基本性質都不知曉。

另一個窮究物理理論而不涉獵生命科學或心理科學的人士有可能對生命與精神的基本認識付之闕如。

棋藝最始基的部分在於棋賽規則的訂定，那是一個約定創構的過程。

純數學最始基的部分在於公設組的設計創構。

物理學最始基的理論定理在於理論假設的創造性建構，從經驗探詢中，臆想、猜想完形整體精神模型式理論假設，從其蘊涵的驗證預測事象中加以驗證支持或否證，是從創意的臆想中建構對外在客觀世界的知識。心智主動為自己創構詮釋與表象了所知所見的世界，世界不是現成展示等候我們被動觀察到。畢竟進入五官的唯有物理刺激而不是客觀外在具體具象事物直接進入感官與頭腦。

有了棋賽規則之後才有依據規則的推論演繹，也就是各種賽局棋面變化的結果。

有了數學公設組的設計之後才有依據公設進行的推論演繹所展示出來的定理系統。

有了科學理論假設的創構之後才有據之以對於事象的推論演繹預測與詮釋與理解。

有了知覺模型網絡的建構在先，心智頭腦才能將感官所收受的訊息刺激詮釋表象為知覺心象而「看見」外在知覺物體。外部輸入的訊息最多不超過 2.5 個維度的內容但我們知覺到是三維立體的表象。

科學理論不是各個別事象的機械拼集與聯想，從各個別事象的操作觀察到科學理論的臆想創構，其過程超越單純的

演繹與歸納，比較像是一種有機整體完形式的創構，如同知覺不是各感官感覺的機械聯結聯想，而是一種有機整體的完形建構與詮釋。

從理論假設的精神模型所蘊涵的驗證預測事象加以驗證而支持的理論即被假設爲符映外在客觀，被假設爲對於外在世界的描繪。

這理論假設精神模型具有普遍的形式它同時反映世界齊一與因果的表象。

由於所謂精神模型乃具有如何操作如何結果的整體蘊涵預測，因此具有詮釋與理解事象的功能，當各個別事象代入模型之中吻合時即可以依據模型的操作因果而理解該事象的操作因果模式，也就是對於該事象的了解——人知識的基本原型是人四肢五官對於外在世界的操作反應的模型式掌握。

同類的話適用於知覺的過程，已如上述。

「世界是如是其實每一事物」，知識的本質是事實的描繪。人的四肢五官與心智構造主要在於創構認識的精神模型網絡用以符合而描繪外在世界對我們所呈現的表象——在如此探詢方式下對我們所展露的一種面貌。

我們以這種方式理解自然，而自然也以如此可理解的面貌展露給我們。

愛因斯坦說：「世界永恆的奧祕在於其可理解性。」

我們主要的理解形式是如此，自然呈現爲可以被如此方式理解的面貌。到此爲止，唯有創構詮釋與演繹描繪事實，「事實就是事實」，要接受如此太上始基的觀念，至於爲何是如此的事實，爲何事實是如此，這是永恆的奧祕。上街遇

到一位小姐，爲何遇到的是小姐，「事實就是如此。」

　　有了在先的精神模型網絡作爲前提架才有之後的蘊涵詮釋推論演繹，也才有邏輯反映的餘地，邏輯在於反映世界的規律性，模型網絡普遍反映世界的齊一與因果，有機完形模型操作。

　　談到人心智對外在世界認識的理解能力，上述有機整體的精神模型網絡是爲首要部分，整體而言，人對外在世界認識的主要部分在於臆想創造建構一整體的模型網絡，從知覺到科學理論假設，人就戴著如此的精神模型網絡眼鏡看世界、理解世界。在其中實驗、工作、實驗與演繹。

　　知識的本質是一種描繪，對於事實的描繪，事實不是現成呈現爲心智被動直接加以發現，而是心智經由經驗探詢，加以臆測創構，創構普遍性精神模型網絡，以這精神模型網絡爲眼鏡爲漁網，詮釋演繹與理解世界。

　　如前文所述，模型網絡是心智對於外在世界的臆測與假設建構，是一種普遍性質的描繪，模型網絡建構之後才有接下來詮釋演繹、理解與預測。

　　任何事象的解釋、理解與詮釋，必須有據以解釋、理解與詮釋的前提。

　　從前提到一結論的推論，詮釋與理解都是事實對事實的「比對」，諸普遍事實描繪對於各特殊事實的蘊涵，是事實對事實的「比對」。

　　從諸普遍模型式前提到較特殊事實事象的蘊涵推論演繹，本質上是描繪事實間的「比對」，推論演繹過程中邏輯思考的部分只涉及前提意義的蘊涵展開，由於前提具普遍精

神模型形式因此具有普遍蘊涵的性質，邏輯在於展開各前提普遍蘊涵，而實際導致結論內容的是前提的事實描繪內涵。

因此一切的解釋、理解、推論都是事實對事實的「比對」，邏輯是協助「比對」的技術。

一事實的理解與詮釋必需依據其他各具普遍性的事實，如此一路追究下去最後必然到達最底部源頭，也就是始基的精神模型網絡類似於公設系統中，據以推論與演繹的公設架構。

這始基的精神模型網絡作為一種對於自然的臆測建構描繪以及演繹的前提，其構成必先出自心智的創構，心智以其認識的基本原型，從經驗探詢中創構各種符合外來感官訊息刺激驗證的對於世界的經驗事實的描繪。

一定經驗探詢的領域中建構出來的精神模型網絡，一旦建構完成，其基本知識形式與性質已定，在此模型網絡架構內的推論、詮釋和演繹出來的內容本身也同時具有這些模型網絡的共同基本特性。

且用較具體明白的語言加以例釋說明。

前面說到，即使老練的棋士也無法從棋盤表面的規則與定理推論出其他不同棋賽或數學的結論，一個純數學的老教授可能對物理空間的根本性質無知，因為他的幾何架構不涉物理事實，物理知識網絡無法蘊涵推論出生命與精神的事象，並加以詮釋與理解，因為那是不同探詢方式下的領域。

前面舉牛頓重力理論，和它與磁如何納入物理學而豐富了物理學。

因此唯有從事物理與生物與心理的探詢與建構，建構一

融合物理事象和生命現象和心理現象相互關連，融合其中的另類模型網絡，而不是如一般素樸想法，以爲物理學各部門內涵遲早可以從牛頓力學全盤加以演繹推論與詮釋與理解，或更甚的以爲物理學的內涵可以推論演繹與理解一切生命與精神的現象。

知識的本質在於事實的描繪，一切所謂的推理、推論、詮釋與理解都是事實對於事實的比對，解釋事實的唯有事實，邏輯在於展示前提的蘊涵的技術，本身不涉入事實的描繪。

「世界就是如是其實每一事物」。

在我們特有探詢方式下，自然對我們展露一種特殊面貌。

自然對我們展示一種可理解的面貌，所謂的理解就是經驗探詢，心智臆測創構模型假設網絡，從其蘊涵驗證預測加以驗證，也就是建構模型網絡用以蘊涵詮釋、理解、演繹並表象外在世界，從感官感覺到知覺到科學理論的創構都同此模式，人的認識有其基本原型。

世界就是呈現爲可被如此理解的樣子。至於爲何呈現爲可被如此理解的樣子，則屬永恆的奧祕，或則可視之爲一太上的活生生的事實。

第八篇

隨意肌感覺和維度概念的建構有密切的關連

　　腦和隨意肌之間感覺神經訊息的進出往返（指令出，感覺訊息進），對應於腦殼內心智主動涉入，操作知覺表象內容的過程，造成表象的現實性，也就是清醒白日夢的真實現實性。

　　腦殼內對腦殼外的超距知覺表象，表象了一個外在三維立體空間與實體狀物體的物理運作過程，所謂的三維空間的表象內涵其意義包含可以在其中位移運動等等，所謂實體狀物體存在的表象，其內涵包括了可以加以接觸、操作，整個所謂的清醒的白日夢境是對於人在其中如何操作如何結果的驗證預測的模型式表象。

　　知覺是從感覺訊息中學習建構而成。各感覺中，視覺有其特殊便利性，但隨意肌的感覺和觸覺與操作知覺，進而維度知覺的建構是有必然關聯的地位，從隨意肌的感覺進而操作知覺我們建構與詮釋，超距表象了一個具操作模型架構的（可操作運動驗證的立體空間維度，可在其中運動與操作。）知覺表象，清醒的白日夢。心智可以經由隨意肌感覺與意志指令進行知覺操作，直接涉入知覺表象內涵的物理事象之中加以操作驗證。一個順利操作驗證的清醒白日夢，自然而然被視為真實清醒的白日夢，也就是經驗真實的方式，雖然它仍然具有假設與驗證的形式架構。

第九篇

眞實清醒的白日夢

如此真實清醒的白日夢是具有三維立體客觀表象，三維立體的客觀表象是如此夢境的特徵之一。外部輸入的訊息最多不超過 2.5 個維度的內容但我們知覺到是三維立體的表象。

所謂三維立體客觀表象是指表象出一個表象者可以經由心智指令軀體四肢五官操作，在其中運動與操作其中實體狀表象，尤其如此的表象可容第三者共同在其中運作與互動。

稱此夢境為真實是因為它可以被按表象所描繪、所臆想、所臆測加以順利操作驗證。

所謂夢是指一種臆想、想像，腦殼內對腦殼外的描繪臆想。

按表象內涵順利操作驗證的清醒白日夢被「假設」為如所表象的真實夢境，也就是經驗實在。

心智是以假設臆想的表象由主觀進入客觀，由腦殼內走出腦殼外，由唯我論走入外在世界。

我們經由假設而推論我與他人對紅色以及升 C 調感覺是共同一致的，經由假設認知彼此同在如此的表象，客觀世界中共同工作與實驗，從假設中建立共同主觀性，傳達主觀的際性（intersubjectivity），假設中建構共同的表象世界。

從知覺層次進而概念與理論的層次，一切所知所見無一不經過心智創構假設、詮釋與表象的過程，之後才有接下來無止無盡的演繹與驗證工作。

所有反映真實的表象，同時具有假設與驗證的形式。

不同探詢方式下所創構詮釋與表象出來的可能的不同表象，可能分別代表不同探詢方式下自然對我們所展露的不

同面貌，在我們各不同探詢方式下，自然對我們展露許多面貌，自然並未展露其全貌。

釐清知識論問題，我們必須有賴以起步的浮橋（嬰兒空白經驗的心智狀態不能作爲推論的起點）。

我們是以眼視的常識的架構作爲起步的浮橋，之後拆除浮橋，改造橋樑，拆除舊橋，建構新橋，科學史是一部理論演進史。

「腦不同區域受損則有不同功能的喪失，例如能分辨人臉的人不能分辨物體，能分辨物體的人不能分辨人臉，也有某區受損則視覺上無法看出物體的運動……。」

我們好像看得輕鬆自在，但我們的腦部在瘋狂運作，視覺看似簡單，我們只要張開眼睛看就好了，其實我們在接受了不起的挑戰，我們的眼睛接收一堆光，把這團混亂變成我們所知的複雜世界需要非凡的腦力，這一切在一眨眼之間完成，我們所看到的一切必須在我們的腦部建構、動作、形狀、顏色、大小等，一切的意義跟位置，世界不是就在那裡，必須由大腦拼湊起來。

「有人無法辨認物體，卻能在心靈之眼看到相同的物體，也就是擁有非常詳盡豐富的心靈影像，看到的跟想像的似乎完全分開，他連自己的畫都認不出來。凱文這種心靈影像跟認知分離的病患令人驚訝，大家公認心靈影像跟視覺認知是一體兩面，只是一個從外向內，另一個從腦部著手。事實上有這種分離的病患意味著這兩個過程不是以往所想的一體，凱文的情況顯示出產生影像認知之間的部位是分離，這兩個系統如何配合呢？有凱文這種人存在讓大家難以理解視

覺的不同組成究竟在哪裡彙整，傳達跟反傳的訊息沒有明顯的相互接觸區域，然後出現對於世界的連貫解釋，事實上我覺得沒有這種區域，若我們能看進腦部，看看是否能找出這個區域，我認爲我們會失敗。」

「視覺是受到最密切研究的感官，但仍難以捉摸，但我們漸漸找出腦部處理視覺所運用的妙招跟捷徑。我們學習到的一切讓我們愈來愈遠離我們直接張眼看的簡單想法，幾年前我在紐約跟李納斯教授共事過，他老是語不驚人死不休，他相信現在是我們進行視覺思想革命時候了，這聽來特別，但對他來說，**視覺只是作夢的另一種形式**，『想想你作夢時的情形，你會發現你感受得到痛苦，感受到驚訝，看得到，聽得到，人們以恰當的語調說著恰當的話，也就是說，作夢跟清醒是關係如同兄弟手足，如果不是完全相同的話，若此事成立，這是前提，我們就能開始眞正了解腦部，**腦部負責製造影像**。』

這種想法跟我們平常對於視覺系統的了解完全抵觸，李納斯相信這一切是相反的，**藉由眼睛傳遞進來的信息，腦部將製造的影像轉化爲眞實**，『**基本上腦部是作夢機器，產生眞實、釋出眞實的是腦部。眞實經過調整，受限於感官，我們需要看、需要認知、以及主動作夢，因爲這是我們把浩瀚的宇宙納入一個小頭的唯一方式，我們混合、創造影像，然後投射出來，就是這樣。**』

我們正開始了解腦部如何克服認知的重大挑戰，若李納斯是對的，那麼腦內的運作就比周圍的情況重要的多，就我看來，**視覺不在於吸取外在的世界，相反的，這是一種**

主動的過程，會發明、忽視及扭曲眼睛所見，這一切似乎都是多餘的，重要的是腦部的情形，而腦部的情形完全私人，**我們的視覺系統並未重建外在世界，而是從零創造我們私人的宇宙，我們自己的真實。『我們在清醒的白日夢中過一生』。**」

第十篇

以磁場的存在作爲類比說明（一）

　　若在我們面前有一個磁場存在著，我們看不到它，也摸不到它，但我們知道它存在，可以用圖形畫出它分布的形狀與範圍，可以描繪出它每一點的磁場強度和方向，可以用單位磁極的磁鐵去偵測它，驗證它的存在。該點的磁場強度與方向，我們看不到也摸不到那磁場，我們所能看到與摸到的，也就是所能觀察到的唯有它的磁效應的偵測。我們使用實物器械，操作與觀察實物作成的指標，由具體事象的偵測中來驗證而知道一磁場的存在。

　　任何的偵測觀察都是有限點上的，各種有限點上的磁效應的偵測觀察，具體事象的集合均不足以成為一個完整的場存在的表象，即使在場所分布的範圍內灑下密集的細鐵屑，由它們所呈現分布的圖案亦不足以稱為場的整體的圖像，因為它只有有限點上的鐵屑的分佈，而整個完整的磁場的表象是由腦殼內心智完形創構詮釋與表象的結果，它模型式蘊涵無限多點上磁效應操作驗證的預測。如此完形整體的磁場表象不可能由任何有限點的拼集來表象。

　　我們是先從各種磁效應的具體具象的操作觀察中學習，創構普遍抽象的磁場模型假設，從這模型假設所蘊涵的無限多點上的磁效應的操作驗證預測，加以定性與定量的操作驗證，而確立其為真實的假設。之後用之於詮釋操作觀察偵測到的各個磁效應，將之代入、納入此一抽象普遍場的模型中，以作為其部分關係分子而得到詮釋，並加以表象出一個別特殊的完整真實磁場的存在。

　　此處所謂的表象是心智的超距真實表象，是一種具體具象的臆想，是真實的表象，所謂真實的表象是我們可以依照

這表象所描繪的蘊涵預測順利加以操作驗證。

　　我們所能看到、摸到、接觸到的都是各個別點上磁效應的操作偵測驗證的具體事象，而一切的操作觀察驗證都在實體物的層面上，磁效應的偵測有關器械構造由物體結構組成。

　　對應於如此實物操作的各個別點的具體具象事象的是那完形整體外在客觀的場的存在卻是出自心智、創構、詮釋與表象的結果。

　　能量、時間等等物理實在就如同上述磁場存在的表象一樣，屬於心智創構詮釋與表象的結果，其觀察在點上物體實體層面的操作偵測驗證的具體具象事象，而其完形整體的模型假設架構的表象卻是心智的創構、詮釋與表象的結果。

　　如上所述，這是何以物體此一實體狀表象往往被某些人視為外於、先於、超越於其他各存在事象的先驗的，太上本體的緣故之一（唯物本體論就是一個實例）。

　　另一源由在於知覺一物，也就是實體狀物體表象的呈現，具有大部分潛意識推理建構、詮釋與表象的過程，非意識所能覺察，因此心智常誤以物的實體狀表象是自然本然、全然整體現成呈現，被人被動一目了然看透。

　　事實上，物的實體狀表象其心智過程，其知覺建構與表象，其形式如同磁場、能量、時間等所有的存在表象一樣，必經心智勉力創構知覺模型假設、詮釋與表象，從其蘊涵的操作驗證加以驗證等過程，加以表象為知覺表象，其終極的驗證在感覺，特別是與操作知覺密切關連的隨意肌肉神經訊息進出的感覺。

　　物體實體狀表象與三維立體操作的力學式的模型是人認識的、知識的基本形式。如此的基本操作模型的架構貫穿存在於各層次的知識建構之中，是我們理解外在的基本形式，納入建構在先的操作模型之中，從模型的操作驗證的蘊涵之中加以詮釋與表象就是知的基本形式，對於物體實體狀的知覺，其實體狀表象（各知覺恆常性）是我們直接運用身體構造與感官操作觀察所達成是據以進一步設計器械儀器作進一步探詢建構的最基層建構與表象，以此作為基礎，才有之後各概念與理論層級的建構。

第十一篇

用磁場實體狀表象來詮釋
說明本篇主旨（二）

一磁場實體狀表象非視覺可見，非觸覺可觸，但它仍然是一心智創構超距表象出來的一種實體狀表象。

這實體狀表象，表象了外在客觀真實，是真實的表象。

這實體狀表象，其創構、詮釋與表象的過程，源自於有限空間點上各別磁針效應，其受力與方向的操作經驗觀察（以及各操作的磁效應的觀察）經創構普遍操作模型，也就是磁場結構的普遍概念設計，據以詮釋各個別磁效應而表象出來的如是特殊個別的空間中分布的實體狀磁場表象——一種心智精神超距表象。

如此的實體狀磁場表象不是有限的點上的磁針偵測的效應或其他效應的集合，聯想或演繹或簡單的歸納可以得出，而是經過心智完形整體的操作模型網絡的建構，詮釋其數無限的個別空間點上磁效應所表象出來的，如是其實的實體狀表象（空間中無限綿密分佈的場域上每一點上的定性與定量磁效應的驗證預測），在我們如此探詢方式下，自然就是如此對我們表象它一個面貌。

我們建構、詮釋與表象到那裡，自然對我所呈現的面貌就到那裡。

這個別特殊實體狀表象，具有普遍操作模型的架構，因為它是源自於普遍抽象場的模型詮釋各個別點上的磁效應而表象的結果，因此模型式蘊涵無限多可能的操作驗證預測；這實體狀表象源自於操作觀察中學習，經過意識過程的完形設計創構普遍操作模型，據以詮釋特殊個別操作偵測效應，表象出如是特殊個別的實體狀符合真實的表象，此表象以操作模型形式蘊涵無限多可能的操作驗證預測。

起於外部的操作觀察，終於外部的操作驗證的預測。

這創構〔包含演繹設計——例如磁極強度乘積成正比，距離平方成反比，位能和距離成反比（積分）〕與詮釋所得的實體狀表象所表象的是所有可能操作驗證預測的完形整體——以一種模型網絡式的操作蘊涵方式，人的認識的基本原型就是操作模型式的。

人以心智操控那屬於外在物理世界的四肢五官，介入外在世界運作，以此工作與適應，一切的知識與認識其本質在於建構精神模型式操作，源於操作觀察探詢，終於操作驗證預測，而操作觀察和操作驗證全都是人四肢五官對於物的外在操作與外在觀察。

實體狀表象和操作觀察與驗證預測的蘊涵是整體操作模型構成的有機關聯的各部分關係成分。

實體狀表象就是如是其實實體狀存在的表象，但具有心智假設創構架構性質（接受操作驗證否證的可能性永遠開放）其所表象的是對於外在的模型式操作驗證的整體預測，這實體狀表象即表象一外在客觀實體狀存在，可視為一真實的表象，也就是說自然對我們呈現有如此一面貌的表象呈現，然而就其心造、假設形式、操作模型式蘊涵操作驗證預測，它同時是一心智工具性設計（完形創構與演繹）。

這磁場的實體狀表象無視覺可見形貌，非觸覺或任何感官可以感知，非肢體接觸可操作，必需藉助於操作工具儀器，定義與設計加以操作觀察與驗證，源自於如此的效應的外在操作觀察，終於對於如是效應的外在操作驗證預測，中間過程為普遍操作的精神模型的創構，據以對於個別操作觀

察的詮釋與表象，上述的心智過程是在意識過程中進行，這不同於知覺模型網絡的創構，以及其對於特殊感覺訊息的詮釋與表象——一種如電動般快速而自動的潛意識推論過程。

①藉操作器械、儀器作操作觀察，物體與空間基本操作模型式的，最簡單的如單位磁極在各個別點上受力與方向的定性與定量的偵測。（從指針刻度讀好指針所指方向）

②所謂磁場實體狀表象，意指在時空中的各恆常性的完形呈現表象（請比較「知覺恆常性」一詞的涵意），外在客觀實體狀和蘊涵操作驗證預測和整體操作模型是認識形式上一體的。

③因為這特殊個別的實體狀磁場表象具有一般普遍磁場模型架構，它因而蘊涵了無限多操作偵測驗證預測，可以按此表象蘊涵順利操作驗證，所以是真實的表象。

之所以假設可以順利操作驗證，原因在於，此特殊個別磁場表象是由建構在先的普遍的磁場模型詮釋各操作觀察到的若干特殊的點上的磁效應而表象出來的結果，因此具有該模型架構形式，同樣蘊涵各操作驗證預測，基於那個別點上的操作觀察是客觀外來訊息，非心智所能主觀任意指定，加以那據以詮釋的建構在先普遍的磁場模型是經假設創構，從其蘊涵的驗證預測加以驗證而假設確立的，因此，根據以上兩者，據以詮釋表象出來的實體狀磁場表象是一符合客觀的真實的表象，之所以確定其為符合客觀，並不是有一現成原物供比對，而是指表象架構所蘊涵的驗證預測順利運作驗證。

各個別點上的操作觀察結果置入於普遍磁場操作模型之

中，從其蘊涵的操作因果脈絡得到詮釋與理解，以作爲其完形整體的部分關係分子而得到詮釋與理解。

細鐵屑在磁場中分佈所成的圖案都是有限點的集合，不是磁場完形的整體。

第十二篇

知覺與操作驗證

頭腦經由神經傳遞訊息指揮肌肉，運作四肢五官，移動或轉動身軀，改變感官觀察距離與角度。例如運動中導致視覺方向與距離的改變，引起各感覺的關連伴隨變化，提供各操作知覺創構的參考，例如觸覺，肌肉感覺神經訊息的進出所引起的感覺與意志指令，加上視覺的便利性，提供心智操作知覺的建構，隨意肌感覺訊息的進出與操作知覺的創構，進而維度概念的建構具有關鍵的關聯。最後創構出完形整體知覺模型假設網絡架構。

依據實際操作度量（例如使用量桿）的操作經驗，我們將平面照片或圖片上兩交叉的鐵軌的平面視圖，看成、透視成、知覺成兩平行直線，視網膜上呈現為平面上交叉的直線，被我們知覺模型網絡詮釋為兩平行直線，知覺是以實際操作驗證為準繩，將視覺和其他的感覺訊息融貫於完形整體的知覺模型假設建構之中。

平面圖片中，月台上一列車的平面圖是遠端車身小於近端車身，幼童往往指出此種平面圖畫錯誤，而堅稱車廂大小相同，我們將月台上如此平面圖畫透視為立體空間中形狀大小相同的車廂，依據的是操作的驗證經驗所建構在先的知覺模型假設架構。

平面視圖上呈現為小圓逐漸變大的變化視圖被我們透視、詮釋、知覺為一固定大小的圓球由遠而近，在三維立體空間中迎面運動而來，或者我們正對著一圓球運動迎向過去。

視覺不是知覺的全體，知覺的本質在於人操作（由物體構成的）四肢五官涉入外在物理過程，在世界中工作與實

驗。

　　天生瞎眼的人（海倫凱勒女士或許可以作為實例）也能從學習中建構而具有知覺能力，能在周遭環境中操作活動，工作與實驗，他沒有看到外在物體，但他藉由運作四肢，藉由操作肌肉，對外在探詢建構出來的知覺模型所詮釋表象出來的外物與三維立體實體狀的知覺表象。（隨意肌感覺神經訊息的進出，肌肉感覺和觸覺和整體知覺建構的關係具有關鍵重要的關連）這完形整體的知覺包括實體狀表象，蘊涵無限多如何操作將有如何結果的的模型式蘊涵驗證預測。（例如他知道如何運作四肢，運動走過去，如何伸手抓握將有如何的操作結果——操作知覺對於整體知覺的驗證，操作知覺對於感覺的詮釋。）

　　載上導致上下顛倒的眼鏡，人看到顛倒的影像，難以行動，久而久之，習慣了，看到的又是正常的影像，此時摘除眼鏡又造成顛倒的影像，必須再經過一段時間的練習適應才能恢復適應沒載那導致上下顛倒的眼鏡，恢復到原先正常的狀況。

　　知覺的適應力很強，視覺有其特別的便利性，然而，和操作知覺，操作驗證最為直接的感覺應屬隨意肌的感覺和觸覺，視覺的錯覺由操作驗證加以校正的例子隨處可見。

　　視覺感官收受蜂擁而來的視覺感覺訊息，感官傳入的訊息永遠不超過 2.5 個維度，但我們知覺到一個具深度，三維立體空間裡面，一些實體狀事物的存在。

　　如此的實體狀客觀外在存在表象是一心智完形建構與詮釋的表象，它蘊涵無限多的操作驗證預測，（因為它是由

知覺假設模型代入感覺訊息而表象出來具有整體模型操作驗證蘊涵的預測。）從這實體狀物體表象所呈現的各知覺恆常性，我們知道如何操作將有如何結果的模型整體的蘊涵操作驗證預測，如何操作肢體進行移動、轉動、操作，在三維空間與物體實體表象中進行操作驗證。

前面一再強調，各感覺訊息的集合，各有限操作驗證預測的總和不足以成為一完形整體的表象。

完形整體的知覺創構模型蘊涵無限多的操作驗證預測，它所詮釋表象出來的個別實體狀知覺對象表象無法被化約成感官感覺或各有限操作驗證和預測的集合，它如是其實完形表象了真實，它是真實的表象，它既屬表象又屬真實，心智有如此表象真實的能力，因此能夠如此表象真實。

心智從演化中「學來」的完形創構、詮釋與表象，三維實體狀表象的能力，有其基本的原型，那就是操作模型假設，蘊涵無限多操作驗證預測，詮釋個別資訊，表象個別實體狀表象。

請看全篇說明脈絡。

伸縮身體四肢手指五官各有關隨意肌肉，於是導致身體四肢手指五官的位移運動，轉動運動與操作運動，當身體感官因運動導致它和觀察對象產生相對運動以致於改變觀察距離，〔例如迎向一個圓球運動過去。則，以視覺為例，這運動中的觀察者視網膜上呈現一個二維的圓形不斷持續變大的（倒立）平面視圖的變化，如此視網膜上二維的動態變化，被腦詮釋為三維立體的恆常大小不變的圓球和觀察者之間相迎運動的知覺圖像〕。又如，當身體轉動，或頭部轉動，導

致視覺感官對面前一個立體物體觀察角度的變化，則連帶導致這觀察者視網膜上二維（倒立）平面視圖的變化，如此的二維平面視圖的變化被腦詮釋，透視為一個恆常性大小形狀顏色不變的三維立體物體的全視圖像的知覺心像表象（基礎機械製圖中，任取一物件左、右、前、後、仰、俯其中三個平面視圖即可透視出該物的立體全視圖）。

運動與轉動同時發生，心智一樣加以詮釋。

平面圖畫或相片中兩條鐵軌在畫面上呈現相交的直線，①

---

① 從一照片上平面分布的顏色（其深色為三維立體物體之陰影，亮色為輪廓）看出，知覺到一立體物體在空間中的存在。

一張照片是一平面上分布了一片片，一點一點的顏色，映入視網膜成一倒立平面上顏色的分布，這視網膜上的平面視圖經視神經以生物物理訊息傳入腦部，腦將之詮釋成一彩色立體人物風景等等的知覺心像，這中間有物理過程可以解釋的部分（如眼球成像）大部分都屬精神，非物理機械的過程可以展示說明。

簡單來說，把一個二維平面上顏料分布看成三維立體的景像，明顯可看出心智創構、詮釋與表象的事實。

所謂的立體空間表象是表象一個可以在其中運動位移工作與實驗的地方，所謂實體狀表象是表象一個可以被碰觸、操作的對象，全都是對於運動與操作的無限多操作驗證預測。因此，觀察起於運動、操作，最後的知覺表象也是對於運動與操作的驗證預測描繪，一順利操作驗證的知覺表象是為真實的表象。操作模型網絡詮釋感覺訊息，這是腦不同區域不同於分工與統合的過程。

腦以它演化遺傳下來的巧妙設計結構，從感覺經驗中學習創構而成的普遍抽象的知覺模型網絡在潛意識下，如電動般快速而自動地進

但是心智將它看成，透視成兩條平行的直線。因為知覺建基
於操作的驗證，平面上兩條相交的直線此一視覺資訊被置入
整體的知覺模型網絡中加以詮釋，知覺網絡的詮釋是該兩條
直線之間，依經驗中學習建構而成的操作模型詮釋是每一處
用量桿度量等寬（量桿放下拿起比對的次數相同），所以兩
條直線永不相交。因此平面視圖相交的直線被知覺為、被詮
釋為、被透視為平行。

　　汽車後視鏡為凸面鏡，起先看起來影像有所變形，但久
而久之，我們的知覺會自行調整，修正視覺的資訊，又恢復
看成、透視成正常形像。

　　視覺有它特殊的便利性，但視覺不等於知覺的整體，
視覺感官資訊必須融入整體的知覺模型網絡中才具有知覺意
義，上述視覺的錯覺均由整體知覺加以校正，也就是由操作
加以驗證校正。整體的知覺，本質是操作的、驗證的、實體
狀表象、操作知覺模型式，隨意肌的感覺（指令出・感覺訊
息入）以及觸覺是構成操作知覺。進而維度概念最密切關係
的感覺之一，天生目盲，沒有視覺能力的人可以具有知覺者
本身各部分身像，以及外在事物實體像知覺的能力，反過來

行推理，只有部分呈現於意識中。

平面照片上顏色的分布，上面的明暗分別被詮釋為立體物的陰影或
輪廓部分。

腦必須從處理感覺印象，加以詮釋而表象為三維立體的知覺心象。

所有進入感官的訊息不超過 2.5 個維度，但腦知覺到的是三維立體
的景像。

說，從出生就沒有肌肉感覺與觸覺的人，很難想像他們如何學習建構起他們的知覺模型網絡，用以詮釋外來感官感覺，表象知覺表象。

再回到視覺的例子，從外物表面反射的光訊號潛藏外物形貌的線索，人類感官與頭腦先天的構造同時具有捕捉外來感覺訊息潛藏線索的功能，兩眼的位置產生的兩眼視差對於立體知覺就是一個例子，眼球的構造正適合將外來光訊號所帶來的非明示的、潛藏的外物形貌的線索加以處理，以針孔成像的過程將它呈現在視網膜上呈現為二維倒立的平面視圖[②]。到此為止，一切可以展示為明白的光學物理過程，接下來如此的倒立的二維平面視圖如何和大腦建立連結，如何輸入大腦，此時看不出光學、力學，平常知覺事物的圖像可以加以明示理解。顯然諸視神經以密碼傳入腦，腦必有其解碼機制加以解碼，將它詮釋表象為立體知覺表象。（請參考附註3）

我們可以觀察到這視網膜、視神經與腦諸多的物理構造，功能與其分工與統合的過程及其伴隨屬於精神現象的知覺表象的產生，物理和精神兩者之間因果伴隨的關係，隨著探討研究的深入勢必發掘更細密、更複雜的兩者之間彼此的伴隨的因果關係。但是我們不大可以苛求想要將知覺心象如此心智超距表象，如此精神現象，如此不具實體狀銀幕、非實體狀物體結構、不可供操作控制的、異於物理的、無法納

---

② 外來物理訊息帶來潛藏的外物形貌線索，眼球的設計構造正用以將這些線索展露於視網膜上面。

入操作模型中加以詮釋理解的精神現象的知覺表象，可以被納入平常物理式理解的操作模型中加以操作理解。

簡單地說，我們對於上述物理和精神現象兩者間的理解掌握，將逐步深入，但最終只限於彼此之間的因果伴隨，無法將精神現象納入物理架構中加以操作控制理解，必須擴充建構更包容性的、超越物理並容心理的架構來加以包融（電與磁因實驗事實而融合，電與磁的關係在於模型操作架構的關係，但是物理與心理的關係，難免大部分受限於單純因果伴隨關係的建構）。

鴨子無法學習語言，但人可以，這是因為人具有能夠學習語言的頭腦以及五官的構造，然而，語言還是必須經過後天的經驗學習。

日本人講日語，美國人講英語，這是由於後天學習的結果。

知覺亦然，人的五官與頭腦先天具有經驗學習的驚人知覺能力，前面所說眼球的構造，如此的精巧奧妙，腦的構造則遠遠更為神奇，遠超我們的理解。

上面說到腦如何詮釋外來感官的訊息所引起的感覺印象的變化，如何地表象知覺表象，這據之詮釋的知覺模型網絡就是嬰幼兒從幾乎空白一片的狀態中從感覺印象的變化中學習③。摸索其線索，學習建構出來的普遍抽象的操作知覺模型

---

③ 嬰兒此時尚無法伸縮眼球肌肉，調整眼球晶狀體厚度，調整焦距使視網膜上平面影像清晰，又即使碰巧晶狀體對焦，視網膜上面影像碰巧清晰，對嬰兒來說，這也只不過是一些不同深淺顏色色光的二

網絡，據之以詮釋外來感覺訊息，表象知覺心象，以此經驗
真實。

　　先天失明的人，突然被治好眼疾，他張眼所見五光十
色，但看不出任何眼前物體形貌，必須再經辛苦學習適應，
才能勉強「看到」，可見物體知覺必須源自經驗學習，然而
也需要有具有學習知覺的能力的身體五官和腦的結構作為前
提。

維分布而已，他尚未學得如何將它解讀詮釋為一呈現陰影與輪廓的
三維立體知覺圖像，換句話說，他可能所見唯有一堆紛亂變化的感
覺印象變而而，其中所隱藏的外物外表形貌的線索（如深色表三維
立體物體的陰影，淺色表輪廓等等）他尚無法加以解讀。

或說可以把視網膜、視神經和整個腦各區域看成為一個整體，如此
一來就不再有不同部份影像傳遞的問題，而是腦整體的統合運作。

第十三篇

表象與眞實：衣服無論如何剪裁合身，它永不全等於身體

　　前面說到各種實體狀表象，全都必經心智創構、詮釋、表象（還有演繹）的過程，具有心造的、假設的、超距表象的特性，尤其它具有局限範圍的特性，每一模型網絡的假設創構，其詮釋與表象的是該特殊探詢方式下自然對我們展露的一種面貌。

　　觀察一個活人的腦，知覺層面上所觀察所呈現的表象中，我們看不到能量、磁、電等等，從古典物理學的觀察層面所表象的內容中，我們看不到量子顯微高能的，快速變換位置的，極微小量子的機率性質的表象，從量子顯微的表象中我們看不到生命以及精神現象的存在，但那腦子確實活生生地在感覺，在思想，有喜怒哀樂。

　　對於這個活腦的觀察與表象，目前為止，我們究竟到了何種地步，繼續探索下去未知的領域還有多大範圍，是否有永不可知的領域存在著，也就是心智能力所不可及的，非人的心智所能加以創構、詮釋、加以表象的部分之存在？

　　整體表象世界不是一覽無遺、一目瞭然、現成呈現，而是經由我們心智多方探詢，逐層臆想，加以統整所得。

　　一知覺表象往往被一般素樸思想的人們視為事物的本體、本身。事實上實體狀的知覺心象或表象是表象之一，不是事物全然的本身。

　　一張照片、一幅油畫、一件雕塑作品通常不會被視為原物的本身，而只是原物的像或表象，因為上述這些照片、油畫、雕塑作品全都出於人造，而且這些作品全都外於原物分別處在不同的空間位置，因此只會被視為表象，不會被視為原物，它表象描繪了原物局部的面貌而非全然本身。

　　上面說明過，知覺表象是心智在腦殼內對腦殼外的超距心智表象，它是心智創構模型網絡，詮釋感官訊息所表象出來的結果。它是操作模型網絡式的，完形建構式的一種功能式圖象表象，無論表象內容如何複雜，具體具象，仍然難免其為表象而非事物本身的此一事實，有如衣服無論如何剪裁合身，它永不全等於身體。照片、油畫、雕塑如何逼真，它們永不全等於原物，而只是原物的像、表象。（這表象另有一義：這知覺心象本身就是心智精神現象的一環，也就是自然現象的一環，自然現象表象描繪自然本身的某一特殊面貌。）

　　知覺心象式表象既屬超距精神表象，它可以表象在任何時空位置上，事實上它向來被表象在被表象的對象的同一時空位置之上，儘管如此，仍然無法免於它表象而非自然本身的身分，只是因此不像油畫、雕塑作品一樣，易於明顯看出其表象的身分，而是被誤認為它是自然對象全然整體，一覽無遺的本身。

　　這知覺心象、知覺表象因此明顯可以被視為一種有別於自然對象完全整體的本身，而是為一種局限表象。

　　然而，另一方面，當我們創構，詮釋而表象了知覺心象，等於我們在原地描繪表象了自然對象的某些面貌，也是如上述例子的表象。當我們面對、接觸這表象，也就是面對自然對象對我們所展露的一些面貌，接觸自然對我們所顯露的外貌，等於面對與接觸自然本身。

　　然而相對於心象與表象，那被表象的對象或自然全然的「本身」又是什麼呢？

素樸想法的人們易於把這對象視為物體實體狀的，甚至唯物本體狀的，上面已指出物體本體狀本身也是一種心智過程的表象，不是什麼本身、本體。那麼，異於現象的自然的全然本身又是什麼？

從無所謂維度的感覺訊息，進入三維立體的知覺，不是演繹過程，而是出於完形建構，從感官感覺到多采多姿、森羅萬象、種種表象，可以顯示出心智驚奇的完形創構，接著詮釋表象，還有演繹的能力，然而如此的表象能力並非毫無限制可以無限提升，而是有它應有的基本原型。

是否有人類心智表象能力範圍之外的領域之存在？

我們用雕塑來表象人體，可以更真實而仔細表象人體，表象人體諸多形貌（幼童和解剖學教授對人體的描繪顯然不同），仍然有無法周全塑造的部分，或者說，雕塑技術無論如何改進，雕塑出來的成品，即使甚至塑造了五臟六腑的模型在內，它永遠只是一種表象，依據人心智所知的範圍去描繪、雕塑與表象。它永遠不是人體全然的本身（至少它不會呼吸也不能動），無論衣服如何剪裁合身，它永不全等於身體。

說到我們對外在世界的表象，從物體知覺到概念到理論層次的建構，從眼視世界探詢方式下自然對我們所展露的穩定，唯物本體的面貌，到量子顯微高能高速動態，機率的面貌，從無生物到生命到精神的面貌，我們創構、詮釋、演繹（諸模型網絡可以共同蘊涵、演繹、詮釋出其數無限的表象預測）、表象了多采多姿、複雜、宏大又細緻精妙的森羅萬象。

　　科學史是一部理論演進史，我們不斷探詢、創構、演繹、詮釋與表象，逐步深入與開拓我們對於自然的表象，挾著主觀的水平走向不可預知的境地，如此創構、詮釋與表象，描繪與表象了自然的面貌，眞實地接觸自然與看到自然，理解自然。

第十四篇

知覺的假設建構與局部表象性質

一知覺過程有腦區域不同功能的分工與統合，呈現於意識的僅有其中部分區域如顳葉（特別是左顳葉），更多的部分並不呈現於意識，可歸入於潛意識的過程，如電動般快速而自動，屬潛意識推理過程。

知覺─事物─實體狀知覺表象之呈現必經過心智創構、詮釋與表象的過程，不是如素樸直覺的看法，以為對象完整現成呈現，供人被動一目了然「看到」。

由於知覺過程大部分在潛意識過程中進行，意識層面只有意識到最後其完成後的表象的呈現，未意識到其過程，因此常誤以為知覺表象之呈現是外物全然整體現成呈現，不需心智推理建構與表象的過程，也因此忽略此種表象之假設形式，其局部性與主觀成分。

一般知覺表象是人如此探詢方式下自然對人所展露的一種面貌（此處所謂如此的探詢方式是指人以其四肢五官和頭腦的構造、操作、運動、直接使用感官的探詢方式）。

在別種探詢方式下，同一對象有可能被詮釋表象成另一部分面貌如高能量子的微觀世界的面貌。

用以詮釋感官感覺印象的是腦從感覺經驗學習中創構在先的知覺模型網絡，這關係到人與生俱來的身體結構，包括四肢五官和腦的結構，絕大部分知覺模型必須後天學習，知覺的適應力很強，載上上下顛倒，左右相反的扭曲的眼鏡的實驗可以看出知覺的適應力很強，設想人若被置於非歐幾何知覺環境中，相信他亦能建構出不同的知覺模型加以適應。

人走路運動與平衡必須涉及到前庭覺、小腦以及視覺部分功能的協調，視聽器官都牽涉在內，大部分不在我們意識範圍之內，可以視之為在潛意識狀態下進行。

第十五篇

從內在主觀面看知覺建構

　　想像嬰幼兒不由自主揮舞手腳、伸手觸摸、碰觸、轉頭、眨眼，於是各種感官訊息湧入腦中，此時他面對一團混亂變化的感覺訊息，包括隨意肌指令出，感覺訊息進視覺（此時映入視網膜的平面視圖對於腦來說仍屬於未經詮釋的感覺訊息的層次）以及手接觸、抓、握、碰、觸時導致傳入的肌肉感覺、觸覺，耳傳進來的，所引起的聲音感覺，皮膚觸覺，冷熱痛癢，身體感覺（此時他尚不知道身體的身像體感，他還沒有建立起整體身像的知覺，所感覺到的是單純的感覺印象的變化）等等。

　　由於人身體五官大腦的結構先天已具備高效功能、知覺學習、知覺的能力，因此他逐漸地從這些不斷的感覺經驗中學習建構起一些普遍操作知覺模型的網絡，如此的操作知覺模型是三維立體、實體狀表象、蘊涵操作驗證預測的一完形整體的普遍抽象心智架構形式。

　　由於腦先天的結構即具有區域分工與統合在進行，大部分的知覺過程並不呈現於意識，心智只意識到其中一部分，因此導致人對知覺的一些主觀錯誤成見，這部分下文繼續說明。

　　現在回到那嬰幼兒在感覺經驗中，他逐漸從隨意肌感覺進出和其他感覺，特別是觸覺和視覺，（視覺有它特殊的便利性）隱含線索的關連，伴隨的感覺印象動態變化中學習，建構操作知覺模型網絡，進而實體狀知覺表象（蘊涵無限多操作驗證預測）。

　　上面所謂的線索是指外物外在形貌經由潛藏在感官感覺訊息加以反映，以及觀察者身體四肢五官特殊構造所具有的

對於外在事物形貌特徵的反映如此先天具有的功能（眼球結構就是一個最明顯實例），提供腦特別結構，不同區域分工與統合的處理。

所謂的操作知覺、實體狀知覺表象、蘊涵無窮多的操作驗證預測，三方面三者其實屬同一完形整體，可以稱之為普遍的知覺操作模型假設（其終極驗證在感覺）。

心智從感覺經驗中學習，建構操作知覺模型假設網絡（隨意肌神經傳導的進出和立體維度知覺具有特別關鍵的關係）之後，當接受外來感覺訊息，即可將之代入此普遍抽象的模型網絡之中加以詮釋而表象出具象的實體狀表象，知覺到外在客觀事物的存在。

我們觀察不到，也不認為，呈現在視網膜上面的二維平面分布視圖繼續以一種明白（如眼球針孔原理之類的）的物理過程經由視神經整個傳入腦殼內，供腦「觀看」解讀，顯然可以看出視神經未能展示出如此的物理結構和功能，大腦要觀看，直接透過神經以密碼傳入的方式，加以解碼就是了，沒有必要再多一次同樣的傳送，事實上，或許把視網膜以及其與大腦各有關區域相連接的神經整個包含在內，看成一個整體，似乎比較合於事實，如此一來就沒有視網膜上面二維平面視圖以何種物理過程作二維原狀傳送的問題，而是腦組織內部、各部分、分工與統合的問題了。

第十六篇

無一「存在」不經心智表象過程

　　磁場、能量、電子、時間、美金，乃至於生命等，所有一切「存在」，無不首先經由心智過程，作為心智創構物而表象，作為一種心智創作的假設架構，其依據的是實際操作觀察的經驗，其驗證亦在於具體具象的操作觀察。

　　心造概念、理論及其各種元目，抽象心智假設架構對應於具體具象的操作觀察驗證。

　　上面指出，從磁場到所有一切「存在」無不具有心造、心智表象的特性，而這些心造的存在表象建基於具體具象的操作觀察與驗證，所謂的操作觀察，無非對於物體、物質，如此「實體」狀物體的操作與觀察。

　　因此人們常把物體、物質此類「實體」視為超乎磁、能等各種「東西」的「存在」。

　　本篇要義之一在於指出，即使物體、物質如此實體狀對象（以各知覺恆常性而表象）亦如同磁、能、電子、時間等等的認識一樣未能外於心智的創構、假設，以操作知覺為其驗證，最終的驗證在於感覺，特別是隨意肌神經指令與感覺回饋的驗證。更且，即使感覺亦屬腦殼內發生與進行的過程，亦屬心造表象。

　　除了內省內觀私密意識狀態此一例外，所謂的觀察無非在於對於外在空間之中實體狀物的操作觀察（感官與身體直接操作或透過操作儀器、器械、度量器械、或整體實驗設計建構的觀察）全都是對於物的外在觀察（以及最後對於物的操作驗證預測，從外到外）。

　　從知覺層面的物的建構，（如此緻密、恆定、各知覺恆常性）這是我們利用身體構造與感官可以直接為自己表象出

來的，自然為我們所呈現的一種面貌，這是我們據以進一步探詢自然的依據，窗口或工具，我們就以此為起步的基本工具配備（我們身體、感官、頭腦的構造如此）從知覺起進而概念、理論，我們藉物來建構度量操作器械、儀器、設備，進一步操作觀察，進一步創構與表象，於是從知覺建構中的物，進而整個科學理論假設架構蘊涵下的能量、質量、能量守恆、質量守恆，演進為質能守恆，從素樸唯物本體的物的概念到高能量子機率性質的顯微世界的物的理論。此處略舉一二。

　　上面談磁場的方式同樣可以用以談能量、台幣、時間、電子進而推衍到物體、物質、所有事物。

　　以台幣一千元為例，這是一種人為共同約定的（具有共同主觀性，存在主觀際性）心造約定抽象概念架構，可以由一張千元紙鈔，或兩張五百元紙鈔或十張百元紙鈔，或一百枚十元硬幣等等來表象，亦可由一張面額千元的支票上面 1000 元的數字及單位來表象，亦可以由電匯紀錄上的數字與單位來表象，其驗證在於它在市場上交易時的兌現、匯兌，或兌現物質，（如各種物品或服務，例如吃一頓飯又理個髮等等）如此的兌現在於人們共同的遵守，使得千元台幣此一抽象概念產生現實真實性（這只是粗略的類比）。

　　能量、時間、電子等等如同磁場一樣，我們看不到，摸不到，知覺不到它，一般人用普通常識的架構脈絡來理解時間、能量、電子等等，科學理論元目是被置於整體的抽象理論操作模型脈絡中加以定義與理解，我們是從直接操作觀察的具體具象事象中，學習、臆想、創構那普遍抽象理論操作

的精神模型假設，從其蘊涵的各具體具象操作驗證事象（指針刻度）預測中加以操作驗證，至於接下來所詮釋表象與演繹等等請比照上述磁場所說明的模式加以理解。

本篇曾以大氣壓力此一理論假設的建構作為一般科學理論假設的一個例釋說明，求其簡單易於明瞭的效果，其他進一步的例釋不妨參考諸如拉塞福電子模型的建構，從這個例子裡面可以看到拉塞福為了構想那看不到、摸不到的原子模型而構想如何迂迴巧妙的數學演繹設計與邏輯推演（包括類比推理）等等，關於這方面的知識，P.S.S.C 物理是一非常優良的教材，每一頁都值得加以留意閱讀（而不應受到某些人士偏頗否定的評價的誤導）。

科學家構想顯微世界裡面各種不可直接觀察操作的微粒理論元目及其抽象模型架構，與此成強烈對比的另一面往往是極端巨型的實驗設計設施的操作（例如巨大迴旋加速器和顯微的核碰撞與核分裂的對比）加以繁複的數學與邏輯演繹的分析（如此的實驗分析也有需專家數千人共同參與，運作高級電腦，歷時數年時間的分析）。這其中最首要的部分還是在於心智創造性假設建構的部分，至於數學分析的部分乃屬次要重要的部分。

學校實驗室中進行實驗課程，往往先進行迂迴數學與邏輯推演，從不可直接觀察的理論假設模型架構及其元目中推演其蘊涵的一些可直接操作觀察的，較為單純的事象作定性與定量的實驗驗證，藉以驗證該不可直接接觸觀察的理論假設架構及其元目的存在與成立。

不可直接操作觀察的物理理論假設模型及其元目向來被

構想為，直觀想像為，如平常知覺的，眼視事物一樣的可被操作驗證，有如直接操作那具體具象的實體狀物。而事實上雖不可直接操作，但假設間接加以操作。（例如操作陰極射線管、迴旋車、螢光幕，藉以間接操作觀察 β 射線，也就是電子流，操作無比巨大的迴旋加速器，間接操作核碰撞與核分裂。或者如：吃藥治療疾病，我們操作的是吃藥的動作，但想像的，理解的是，那抗生素對病菌個體的破壞，整體生物化學生物物理的機制。最終還是在於間接物理操作對於細菌體的破壞。）顯微過程的掌控，經由吃藥的動作，間接對細菌身體物理結構作了物理操作將其殺死。藥品顯微結構及其化學與物理機制被納入整體操作架構中和細菌顯微結構同在一操作模型架之中加以間接操作，吃藥的操作及於殺菌顯微過程的操作。

　　將不可直接操作觀察的理論元目關連到可直接操作觀察的知覺操作事象或實體儀器設備上面，藉操作儀器設備，間接操作理論元目，如此的過程必須包括建構不可直接觀察的理論，假設模型及其元目和直接觀察操作事象，整體關聯架構（思想架構），因此從不可直接觀察操作理論假設元目蘊涵推論出可直接操作觀察的事象、儀器設備等等，加以操作驗證。

　　不可直接接觸操作的理論元目和可直接操作觀察的具體具象事象被納入一思想的、理論的架構構想之中，之所以可以同架構，之所以可以從不可直接觀察的理論元目蘊涵出（關聯出）直接觀察操作的事象，原因在於設計構想出來的思想的、理論的架構中理論元目和直接觀察事象同被構想

爲具有共同的、相通的操作模型的形式，不離認識的基本原型，這也就是上面所說，理論元目被構想爲，直觀想像爲眼視直觀的事象操作的形式，請再回想一下量子力學哥本哈根詮釋的要旨。

如此包涵不可直接操作觀察的理論模型及其元目，以及可直接操作觀察的事象、器械、儀器設備在內的整個思想架構，往往來自數學與邏輯的演繹架構設計，包括各種類比與機率統計的運用。同在一古典力學的力學式基本概念架構網絡中互通有如機械齒輪般傳動出來。

科學理論假設起於抽象普遍，不可直接觀察操作的領域，但其特點也是其價值所在，在於其可以間接蘊涵可直接操作觀察事象的操作驗證預測，加以操作驗證，可以蘊涵詮釋其他理論假設或觀察事象，可以導致於科技工藝的實用。

（電與磁的關係是從操作觀察實驗中建構，彼此納入同一操作模型假設架構中運作，這不同於心物關係終極限於單純因果伴隨的掌握，無法納入同一操作模型之中加以運作。）

從實驗室中簡單的線圈在磁場中切割磁力線運動，產生電流的簡單實驗與理論建構，導致巨型的水力發電廠的建立，造福民生用電。

量子電動力學這個理論能將所有現象（除引力現象和核現象外）囊括其中，加以解釋理解運用，具有普遍的解釋能力與科技工業的實用價值。

第十七篇

質量的存在表象亦不例外

　　從物體在三維立體靜態實體狀表象和物體顯微結構高能量子的表象之比較即可明白看出，那緻密、靜態（各種知覺恆常性呈現）的呈現是一種知覺的心智的表象，是在我們四肢五官如此直接感覺操作觀察下心智創構詮釋的一種表象。簡言之，難免於一種心智表象。

　　倒是質量，具有質量的物體較為被一般人視之為、定義為客觀真實存在的指標。

　　確定了緻密、靜態、穩定恆常外形物體其心智表象性質之後，我們可以進一步指出其質量亦如同上述能量，磁場一樣必經心智創構假設與表象。

　　磁場的狀況我們已經多所說明，此處且就能量加以論述，我們並不是以看到、摸到、接觸的方式知覺到能量的存在，能量如台幣一樣乃先經心智創構設計，從物體的運作中學習創構，從所蘊涵的操作驗證預測加以操作驗證。

　　我們操作的是具體事物在空間中的運動與發生的事象，而臆想表象的是能量的存在。

　　上面指出我們摸到、看到的實體狀物體恆常樣子，不是現成原樣呈現，而是經過心智表象的知覺心象表象，我們並不是摸到或看到質量，而是從感覺訊息的詮釋中表象了物體實體狀表象，至於質量此一概念與理論的層次，一樣不是主動呈現被知覺到、被看到而是經由心智創構，以及具體物體事象的操作驗證（模型假設式的建構）。

　　簡言之，從眼視實體狀物體知覺表象到質量兩者全都難免於心智創構與表象的形式而呈現，前者的操作驗證在於肌肉感覺特別相關的操作知覺，後者的驗證與定義在於物理事

象的操作驗證與定義。

本書的重要主旨之一在於指出即使實體狀物體的知覺也如同能量、磁場等等概念與理論元目一樣，經由心智的創構、詮釋與表象，全都難免於作為心智的構造物、心智的表象而呈現。

心智從感覺經驗中完形建構知覺模型，詮釋感覺訊息，表象知覺表象，心智從各具體具象的事象觀察中完形建構，概念的，理論模型假設，用以詮釋各個別事象。

這所謂的完形建構，不是資料拼集，不是資料的聯想與演繹，而是提升理解層次的臆想創構。

心智具有如此完形創構的能力，才能從感覺提升到知覺，進而提升到概念與理論的層次，完形建構出普遍抽象的模型，才有據之以詮釋與演繹的無止無盡的工作，以此詮釋與表象，演繹與詮釋呈現森羅萬象的世界圖像。

如此完形建構有它固有模式，也就是將各個別感覺、或事象，設法納入一建構出來的操作模型之中加以統合詮釋。從感覺到知覺，從知覺到各種理論進而典範的架構都是如此操作模型式的完形建構，它起於操作事象經驗，經過心智功能式抽象架構的建構，從其蘊涵的各操作驗證預測加以操作驗證，始於外在操作觀察，終於外在操作驗證預測，中間過程是心智功能式建構與表象。

心智完形建構，所表象的不是資料的拼集與聯想，而是心智臆想物，是心智超距表象，真實清醒的白日夢，但它是完形整體不可化約，由於其順利驗證，前文脈絡已蘊涵表示如此的表象具有假設的形式，它被假設為符合真實，也

就是它是真實的表象，也就是自然就是如所表象顯示出其面貌——在我們如此探詢方式下對我們所展露的一種面貌。

然而，我們似乎亦可以臆測，無論我們心智所作的臆測假設表象如何逼真，它是始於外在操作觀察，終於外在操作驗證預測，有它固定的操作模型形式，它固然描繪了外在自然的某些面貌，但衣服無論如何剪裁合身，永遠不等於身體本身，表象無論如何地真實表象，但表象就是表象永遠不是事物的本身。自然完全的整體有我們心智建構詮釋與表象所不及的部分。

但無論如何，面對我們表象的世界，在其中工作、實驗與演繹，我們是確實藉由我們所表象在面對自然，在其中工作與實驗，實實在在經驗與生活、接觸自然，面對自然，但並不表示包括對於整個自然各部份的全然理解與透視，我們對自然的接觸與理解是有它固定的基本模式的。

依唯物本體論者素樸的想法，物質，作為萬事萬物存在的基礎，其獨立於精神作用之外，本然呈現，其恆常存在，無非是一種先驗的，不證自明的事實。

如此的意見原先受到古典物理質量守恆，物質不滅定律的加持更顯得天經地義。

後來物理學，從質量守恆、能量守恆到質能守恆的演進（從質量不滅此一頑強的「先驗」的信念到「質量可以全滅化為能量」的此一事實的轉變。）大大沖淡上述先驗理性的成見，這一點可供本文此處的說明。

四肢五官，身體直接感覺操作觀察而建構的知覺表象層次，這作為進一步概念，理論層次建構的基礎事象（三維立

體實體狀知覺），其本身亦如同其上層建構與表象如能量、磁場等等一樣出自心智的創構與表象。其終極的驗證在於感覺，特別是與操作知覺最直接關係的隨意肌感覺。

如此最基層的知覺表象是我們在四肢五官直接感覺接觸操作觀察下，自然對我們所展露的一種面貌，在別種操作器械、儀器、實驗設計裝備與數學與邏輯設計演繹，再加上心智創造的假設構想，我們可能創構不同的理論假設，看到自然對我展露其他不同的面貌，例如大異於知覺表象的高能量子的顯微世界的圖像（請留意各不同的表象具有共同的操作模型的基本型式）。

意思是說，這眼視世界，知覺建構下，靜態、三維立體實體狀物體一樣只是心智表象之一，是某一探詢方式下自然對我們所展露的一種面貌，自然並未對此一特殊探詢方式展示全貌。

我們必須借助於四肢五官，從直接感覺操作觀察中建構知覺作為起步，作為基礎工具，藉操作實體物，設計度量工具儀器設備進一步探詢實驗，建構理論假設。

我們慣於把物體知覺表象區分在各概念，理論層次的心智建構之外，而將物體的知覺表象視之為非經心智學習過程創構與表象，先驗本來如是呈現，被我們被動「看到」、「摸到」（其實看到只是光訊息刺激，摸到只是指尖的接觸感覺訊息的傳入，實體狀物的知覺還需經過知覺詮釋與表象），我想這是一種平常普遍的誤解，物體知覺，如同能、磁場等等上層概念與理論層次的建構一樣具有心智學習創構假設與表象的形式。

第十八篇

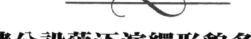

諸公設蘊涵演繹形貌多樣的定理系統——加以類比說明

　　構成汽車有關的各零件（如引擎、輪軸、電路等，又可細分。）簡單類比一些公設以及作為推論前提的定理，汽車則類比一證明出來的定理，汽車操控駕駛的形式（方向盤、油門、剎車等操作）不同於各零件的運作，但整輛汽車的運作，就是各構成零件，其工學原理的同時運作。

　　定理的形式與表面面貌和它的前提公設與定理不同，但卻是它們一起的拼組。關鍵在於兩公設以上同時運作將產生異於公設面貌的形式面貌結果，每一公設有如普遍運作在其定義場域的各操作模型具有無限可能的操作驗證預測，兩者的組合可能無限，面貌亦自不同。

　　如同各種感覺的產生以及三維立體空間的知覺一樣，物體實體物表象，普遍操作模型網絡的建構，源自演化中學習而來，與生俱來的能力以及經驗學習建構。

　　公設到定理之間的邏輯過程，取其中一個別步驟易於透視其蘊涵分析、比對、拼圖式的單純關係，經過多步驟的形變之後所產生的形變，本質上一樣屬透明的分析的，其驚奇是主觀心理上的。

　　一切的「存在」與「性質」包括實體狀表象必先經由心智的創構與表象，一切的創構與表象建基於對於實體狀物體表象的操作觀察（知覺）。

　　當科學家尋求生命與精神現象問題的解釋時，他們往往必須將它關聯到物的層面上去加以理解，如此才能直接或間接的操控。

　　對於實體狀物的表象的操作觀察是知識的基本形式，而實體狀物的表象是人創構表象出來的一種功能性架構，是我

們如此四肢五官與頭腦結構下和自然互動的媒介。

　　本篇重要主旨在於指出，實體狀物體知覺表象亦屬心智模型創構與詮釋表象的結果。

　　心與物兩種表象之間局部因果伴隨關聯，隨各不同探詢的方式，自然對人展露各種面貌，自然呈現為物理各層面的表象，如實體狀物理表象、三維立體空間表象等，是自然呈現外貌之一而已，物理表象有其局限範圍，生命與精神表象亦各為自然所呈現的其他面貌，物理表象和生命與精神的表象有所因果伴隨的局部（而非全面）的平行關聯（可能由於基於同屬自然的不同表象所以致此）可供某些程度的掌握與運用，但如此單純因果伴隨的關連有別於物理事象，力學操作模型式的操控運作知識模式。且以精神現象為例，精神現象無法被納入物理現象力學操作模型架構中加以操作掌控理解，只限於彼此局部的因果伴隨平行關係的掌握。

第十九篇

以歐氏幾何定理系統作爲例釋與類比說明

（此單元可略過不讀。）

共有 23 條定義、5 條公設、5 個公理。

5 條公設如下：

1. 由任意一點可作直線。

2. 一條有限直線可以繼續延長。

3. 以任意點爲心及任意的距離可以畫圓。

4. 凡直角都相等。

5. 同平面內一條直線和另外兩條直線相交，若在某一側的兩個內角的和小於二直角，則這二直線經無限延後在這一側相交。

人心智先完形建構整體的歐氏平面，如此的完形整體的歐氏平面蘊涵無限多的操作驗證預測，我們取其部分性質，下 23 個定義，尤其是 5 個公設加以部分描繪（亦可作操作知覺驗證預測等等描繪，此處未予列入）。

這 5 個公設企圖一貫且完備描繪上述完形整體建構下的歐氏平面中摘取的關於點與線等等操作的所有可能操作驗證性質描述。

有如我們從心智知覺建構在先的實體狀模型與棋子以之後在棋盤上刻劃的線條等知覺恆常性掌握，完形建構下的實體狀物理事象，這棋盤與棋子的知覺建構，蘊涵無限多的操作驗證預測，我們以其作爲建構在先前提架構（例如棋子不會自行移位、消失、或無中生有，盤中線條不會自行變形，棋盤不會自行變形等等知覺恆常性），據之另外人爲約定建構棋子運作規則（每一棋子運作規則有如一條公設操作模型），以及人爲劃定棋盤線條格式。這全屬人爲約定創構。

　　回到歐氏幾何公設，從這 5 個設經邏輯推演可以得出其數無盡的定理。

　　請端詳上述所列諸公設的面貌，如此單純明白而透明。

　　接著，我們看到從公設到定理的邏輯過程；邏輯只在於展示前提的蘊涵的內容，邏輯自身不涉及公設與定理的內涵。

　　因此導致定理內容與形式，定理的面貌的，完全來自於諸公設的內容與形式（以及用以證明其他定理的定理）。

　　現在讓我們先留意一件事實，畢氏定理（幾千年前即被用之於工學測量推算）、九點共圓（如此迂迴卻又真實），以及數不清的幾何定理，包括兩千年前先人即已知曉的極其複雜、美妙迂迴，遠非人直覺所能直觀與所想的幾何定理。

　　從如此單純透明的諸公設到如此複雜迂迴巧妙的數不清的定理系統的存在，一切全都由於這 5 個公設內容與形式中推導出來，而所謂的邏輯只是推導的技術，前提蘊涵的展示，一切定理的內容與形式，完全源自於公設的內容與形式（先作一最簡單的說明；所有演繹邏輯，可以被打破為一個個的三段論法的組成，它本身不涉公設與定理本身內容）。

　　如此的單純直觀到如此的巧妙迂迴，何以致此？

　　這 5 個公設雖然從不提到圓規的運作（更不用說提到圓規離紙面上下進出、移動伸縮，第三條僅提到可以畫圓沒有提到圓規的運作）以及直尺的運作，也就是避免任何經驗物理的運作描述，而是謹守數學公設嚴謹的從公設到定理的邏輯過程，然而實質上我們可以藉圓規在平面上伸縮、移位，在每一點上的操作模型或運作，以及直尺在每一點上的

運作，如此的操作模型式的，普遍、遍及平面上每一點的運作，企圖建構一涵蓋、定義所及的範圍內（整個完形整體平面知覺建構中所抽離以及定義下的完備又一貫的歐氏平面的描繪——關鍵在於第 5 個公設的描繪，描繪了歐氏平面的特性）。

上述圓規與直尺的物理運作中加以抽象抽離，嚴格公設語言，公設架構，邏輯推演（當公設被符映於經驗事實，則此幾何為物理或幾何，它是物理事實的反映，當公設架構作為人為抽象約定架構抽離經驗事實則屬數學式的數學）。

且以第 3 條公設為例，我們可以想像它有如一普遍操作模型，蘊涵無限多操作可能（每一點作為圓心，任意的半徑，遍及所有平面的操作，它代表無處不在，無限多可能圓的存在）。

如此各自代表普遍模型操作及於平面每一處的操作，各自代表操作出無限多可能圖形。（兩種或兩種以上操作模型先後重複運作一場域造成的操作形變。）

如此各自無限多圖形操作可能的普遍蘊涵的公設，單獨的公設與單獨定理比較，面貌大異，往往難以想像，如何可以由如此單純的公設的面貌變成另外如此複雜迴異的定理系統的面貌。

關鍵在於從兩個，尤其兩個以上，許多普遍蘊涵，無限操作的公設，交相複合之下就會產生多采多姿的變化，導致迴異的複雜的定理形貌之構成——定理亦具有操作模型之形式，只是操作形式往往異於公設的形貌。

且舉幾個實例加以類比說明；

　　一輛汽車的構成，可以想像它由許多普遍的工學原理的機件（例如引擎、輪軸、電路等等）組成。每一機件代表一工學原理，代表一普遍操作的模型，把它們當作公設前提，由它們複合配合組成的汽車，就有如一定理。

　　這汽車亦如一操作模型，操作方式是運作方向盤、腳踩油門、剎車、車子向前行，這不同於個別輪子轉動，汽缸裡面汽油揮發混合空氣的氧，點火爆炸等等運作。

　　每一機件及其所代表的工學操作原理都是普遍普及蘊涵無限的操作可能。

　　許多如此的普遍模型的配合就構成了汽車這「定理」的構成。

　　簡單的七巧板可以組成各種圖形，簡單積木可以堆積成各種形像，全都在同一事實平面上的拼集與比對。

　　公設到定理之間的形貌的變化大致可以由上述的例子加以類比。

　　從諸公設到定理之間的邏輯推演過程，如果只取其中一個步驟，則易於一眼看出其拼圖，比對式的事實與事實的比對過程（蘊涵分析的過程）有如七巧板拼圖之一步驟，堆積木諸過程之一步驟，一切顯得透明，不足驚奇，這是蘊涵分析過程的一個步驟，許多步驟的比對，之後，得到的定理形式就有可能看起來迂迴、複雜面目大異於諸公設各個別形貌了。

　　知覺過程完形建構下的整體歐氏幾何平面（姑且就物理式幾何加以考量）蘊涵了無限多可能的操作驗證預測，包括如何操作如何結果的知覺驗證預測，抽象抽取其中部分，成

立歐氏平面幾何公設（用以描繪所有點、線、面的關係與性質），這公設組蘊涵了整個完備與一致的定理系統（假設其完備與一致，因為它符合物理經驗，且每一公設普遍架構及於每平面每一點，公設所描繪的，圓規與直尺的描繪操作窮盡一切關係性質操作描繪）。

當我們問這公設何以如此時，「為什麼是這樣？」時，就物理式或幾何來看，它是經驗事實上如此，沒有為什麼的問題（它來自於知覺經驗的建構——那完形整體的歐氏平面所蘊涵），當作為一數學式的幾何時，那公設的形貌為何如此，其回答是：來自於約定設計，一樣沒有任何「為什麼」的問題。

「為什麼」的問題只發生在定理層級的問題上，當我們問一定理為何如此形貌，為何呈現如此操作模型形式，這問題是有意義的，可回答的。回答的方式是，從公設到定理的蘊涵，也就是以諸公設為前提，經邏輯過程導出定理的結果。

當我們把公設組到定理之間邏輯蘊涵關係加以展示，觀察其中任一步驟，可以看出其為單純的事實比對的過程（蘊涵分析的），定理原原本本被蘊涵在公設前提之中，我們對於定理形貌的驚奇感是主觀心理的，理論上是無所謂驚奇的。對平常人的頭腦來講感覺迂迴、驚奇的（因為異於公設的形貌），對一個怪胎天賦演繹天才（純屬想像的）來講可能一點都不驚奇，因為他一眼望去，一目了然地把一定理看成諸有關公設的同一層面的拼圖而已，也就是把它看成和公設一樣層面的事實的展露，這不同於心智對於知覺模型，各

物理公設組模型，各知識公設組模型那種完形創構，如此提升到不同認識層次的過程是不同的。

對於一般人，就局部觀點看一定理型的事實形貌，問「爲什麼？」有其意義，因爲可以將之關連到諸公設上面去。

但是在那公設系統之內問公設本身「爲何？」的問題就無意義，因爲無從解答，只是當作本然如此的事實加以接受（除非出於該公設系統之外，另創構更普遍的架構加以蘊涵，這問題，另外說明）。

就整體攤開的觀點來看，定理、公設同在一事實拼圖中展示，既然非屬局部觀點則無所謂「爲何」的問題，只有將之視爲「如是其實的事實」加以接受一途。

一條太上原理是：「根本上唯有視爲如是其實的事實加以接受一途。」

牛頓第一運動定律，愛因斯坦狹義相對論兩個基本架構 initial frame 等等，沒有任何爲什麼的解釋，只有視爲事實如此加以接受一途。無人追問光速萬有性爲何被視爲基本假設。

想像一物體在太空中不往下掉，不往上升，不往任何一方向移動，永恆靜止在那裡，「爲什麼？」它事實就是如此，人建構運動定律加以描繪。

一切的公設型的物理、數學，各種知識的理論無不如此，由這些公設型的前提所蘊涵出來的定理型的事實本質也是如此（上兩則解釋過）。

我們每一系統的知識，無非都是以如此公設式模型建

構，接著才是詮釋與演繹的運作，以此建構一知識系統（先有積木組，才有堆積木的各種作品）。

物理理論前提的建構，蘊涵出其數無盡的各物理定律與事象（幾個工學原理可以演繹出各不同形狀性能的車船飛機等）。

即使那實體狀物體的知覺表象，也是從公設型知覺模型建構，詮釋感覺訊息，加以表象而成的認識過程。

我們理解世界的方法先是創構公設型模型網絡，從其蘊涵加以驗證，以此建構符合反映眞實的知識網絡，以此作爲前提公設，接下來的詮釋表象與演繹，可以詮釋、演繹與表象千千萬萬多采多姿，森羅萬象的具體具象世界圖像中各事物的存在。

當我們就局部觀點來看，我們可以就事象與某些定理加以「爲何？」的解釋，將之歸入於前提公設型的內容中加以蘊涵分析而解釋。

世界呈現如上所述這種事態，可以被我們以如此的（兩種）方式加以理解。

前面已經一再說明所謂的「爲何？」的問題，其實都是「如何事實的展露」，只有局部的不全的視野之下，才有所謂的爲何問題的可能。

（整體攤開則唯有一事實之展現，無「爲何」的問題，局部來看則有「爲何」發問與解答的空間，對一怪胎天才來說，他一眼望去一覽無遺整個演繹系統透明無礙，他此時只面對一事實的展現，無爲何的問題。）

魔術表演在於技巧地掩蓋，使人無法看見他所習慣的事

實關係的呈現而感到「為何？」的困惑，一旦將事實全貌公開，觀眾看到心中熟悉的事實關係呈現，而得到解答；解釋事實的還是事實。

　　世界呈現為如此可理解的樣子，它為何如此地呈現？為何呈現為如此，其回答是根據太上原理，事實是如此，此問題非屬局部觀點下分析蘊涵可能的問題，事實就是如此，不必多言。

　　或如愛因斯坦則說：「世界永恆的奧祕在於其可理解性。」

第二十篇

模型操作與因果伴隨

理論假設操作模型是可直觀想像如眼視經驗下的可操作模型（如直接知覺操作模型、對於實體狀物體知覺表象的操作觀察一般）不可直接操作，但可以間接加以操作觀察，例如操作陰極射線管、螢光幕、迴旋車（β 粒子衝擊在塗以螢光劑的葉片上，使車輪轉動發光可以被觀察等等）間接操作 β 粒子的運動，又如操作巨型迴旋加速器間接操作核子碰撞與分裂等等。

將不可直接操作觀察的理論元目關聯到可直接操作觀察的知覺事象或儀器、實驗設備上面，藉操作儀器設備，間接操作不可直接操作觀察的理論元目。

必須建構不可直接觀察理論模型和可直接操作觀察事象之整體關聯思想架構，由此從不可直接觀察操作理論假設模型蘊涵出可直接操作觀察的事象、儀器設備，加以操作驗證。

如此包涵不可直接操作觀察的理論模型及其元目以及可直接操作觀察的事象、器械、儀器設備在內的整個思想架構往往來自數學、邏輯的演繹設計（包括各種類比）。主要在於假設理論本身古典力學語言。

科學理論假設其價值在於能蘊涵解釋與預測各種可直接觀察操作的事象，這是科學實證與實用的特點。

不可直接操作觀察的理論假設模型可以關連到直接操作觀察的事象加以蘊涵與詮釋加以驗證預測，例如量子顯微級距的理論，量子電動力學可以蘊涵解釋除了量子以外幾乎所有的物理事象，即使極度背離眼視世界常識架構的量子級距的理論假設模型，亦不乏於人認識的基本形式，不離知覺操

作模型，古典力學操作模型的形式（見量子力學的哥本哈根詮釋）。有如直觀加以操作，間接關聯蘊涵到可直接操作觀察的眼視事象，可以用以詮釋與預測各眼視世界驗證事象。

對於顯微級距量子的操控（間接）等於操控到其關連蘊涵的可直接操作觀察的眼視事象，整個顯微與眼視世界同被關連納入同一操作模型之中，各種各樣的事象，包括生命與精神的事象，一切「存在」均建基於對於實體狀物體表象的操作觀察所作的心智創作與表象（本篇主旨）。

生命與精神有它與物理表象層面的關連的部分（因果伴隨的關連），對物理層面的操控因此間接操控到生命與精神層面表象的部分事象。

心智對於物理層面的表象如同任何其他系統探詢領域的公設式模型建構一樣有其普及範域局限，意思是心智對物的表象與描繪一樣有其限度（有如象棋規則不出於棋盤）然而作為生命與精神的相關連的物質表象的一面，物與生命、物的表象與精神現象仍然有它們非典型力學模型操作或知覺模型操作的知識架構關係，也就是只有屬於單純因果伴隨的關係，這一部分關係的掌握，使得從物理層面，尤其量子顯微級距的操控可以導致對於生命表象與精神現象相關部分的掌控。

物理學的前提無法經由演繹分析推演出生命與精神現象的結果作力學模型式操作掌控，但基於上述物表象一面與生命與精神表象，各層面的一些因果伴隨關係的掌握，我們可以建立更包容的知識架構，將物的表象、生命與精神的表象納入如此的整體知識架構之中，如此的知識架構當然和純粹

的知覺模型、力學模型式那種完形整體基本認識原型有所不同，而是有關鍵因果伴隨的成分在內，如此的架構無非在於藉助於物理表象層次，無論眼視或顯微的操作模型網絡的知識架構的操控，藉著實體狀物表象的操控而操控到它所關連到的，生命與精神表象有關的部分，達到科技實用的成果。

　　操作觀察實體狀物的表象，建構磁場、質量、能量等，從知覺層面到概念、理論元目的建構，建構其他各種實體狀表象。

　　感覺探詢中建構知覺、三維立體空間與實體狀物的表象進而從知覺而概念，再進而理論層次，一切實體狀表象，森羅萬象全必經由心智創構、詮釋、表象，以及演繹。

　　從知覺超距表象到概念、理論、心智一再完形創構，提升理解層次，從普遍模型網絡建構、詮釋、演繹與表象，描繪森羅萬象，拼集世界圖像，描繪一立體外在客觀世界圖像，可以由公設系統的建構與演繹加以類比，世界呈現為如此可理解的狀態。

　　所謂可理解的部分：

1. 心智創構模型假設網絡，從其蘊涵加以操作驗證，以此建立符合，反映客觀的公設式模型假設網絡（按圖順利操作驗證，以此定義此模型網絡為符合，反映客觀）。

　　先有建構在先的普遍的、抽象的模型網絡（例如知覺模型網絡），才有據之以對於外來訊息（例如感官訊息或個別事象）的詮釋與表象（例如各特殊個別知覺表象）。簡而言之，那是從普遍到特殊個別的詮釋與表象。

　　若以公設加以類比則就公設架構而言其內容無所謂「為何

如此？」的問題，唯有作爲事實加以接受。

2. 任一定理型的事實內容可以由公設型模型網絡加以蘊涵解釋。

就整體而言無所謂「爲何？」問題的存在，一切只有如此事實的描繪。

就局部而言，可以有蘊涵分析、演繹說明的部分，這部分就有「爲何？」問題存在的餘地，但放眼整體宏觀，一切攤開，則全部唯有如此事實的展現，再無任何「爲何？」問題存在的餘地，休謨的問題，限於局部觀點角度下存在，不存在於整體宏觀角度的觀點。

心智完形創構乃基於先天具有能力，如三維立體操作模型包括實體狀表象及其對於無限多可能的操作驗證預測蘊涵，超距精神表象等心智精神能力。

關於超距表象：

表象，也就是描繪的內容；表象描繪了一個三維立體實體狀物體存在的知覺表象，這知覺表象可能符合，反映客觀實在。因爲，①按表象順利操作驗證，②第三者處在此表象空間中，共同驗證，成爲共同表象，具共同主觀性，具主觀際性可供傳遞，假設爲共同的表象，符合與反映客觀實在。

表象描繪內容：外在客觀世界圖像中有物理、生命等事象的存在與運行關係，簡單稱之爲外在客觀世界的圖像。

痛癢，紅的感覺原本是產生於腦殼內的一種精神現象與過程，活的腦組織有血流供氧氣與各種養分，可以想像其細胞活躍，原子、質子、電子、量子顯微級距的過程運作，伴隨痛、癢、紅等等感覺的產生，腦產生伴隨的精神過程進一

步將痛與癢，詮釋表象為外於腦殼外的身體的知覺，紅成為外於腦殼的某物體表面的顏色時，這整個超距表象的過程本身是發生於腦殼內的一精神現象，其表象內容，也就是此一精神表象過程所表象描繪的是外於腦殼的外在物理世界的存在與運行。

這精神表象過程本身屬腦殼內發生的精神現象，有別於它所描繪與表象的外在客觀世界的表象內容（也就是所描繪的內容），這兩者必須加以區分。

腦殼內超距表象此一精神現象，本身與其超距描繪，也就是所表象的內容也就是腦殼外物理現象的運作過程，兩者應加以區分。

這超距表象的過程，這精神現象本身從頭到尾在腦殼內進行，不出腦殼之外，但這精神現象的過程卻超距表象（具象描繪）外在客觀物理世界的事象之存在與運行。

物體實體狀表象，磁、電、質量與能量、三維立體空間等等森羅萬象無一不經心智創構，超距表象的結果，表象了客觀狀態，其存在與運行，上述這些表象與描繪可以納入一外在客觀操作模型網絡架構中加以模型式操作式系統整體加以理解，掌控與操作驗證。

然而精神現象的本身（不是它所表象描繪的內容）並不在外在物理空間之中，包括不在腦殼內物理空間中，這超距表象的精神現象（非指其表象內容），無外在物理訊息與介質傳遞，無物體承載螢幕，純屬精神現象，不在任何物理世界之中，無法納入物理知識架構中加以模型操作掌控，唯有藉心與物之間因果伴隨平行關係加以掌握。

　　超距精神表象此一精神現象本身，無法被它本身表象進入物理世界的表象內容之中，加以操作掌控。

　　腦神經細胞的生物層面的現象過程，乃至於腦組織中的顯微結構的物理過程，電腦數位的模擬等等物理過程分析，量子顯微的知識等等操作模型的知識架構均無法將精神現象的本身納入其中加以操作掌握。

　　我們無法像操作方向盤、剎車和油門操控一輛車子前進，或使用木工工具製作木造傢俱，堆砌磚瓦建構房舍一般的操作控制的方式，也就是模型操作的方式來掌控物與心，物質表象與精神表象之間的關係，只能以種瓜得瓜（等候瓜長大）或結婚生子的方式，也就是因果伴隨規律的掌握去處理心物與心之間關係的運作。

　　磁與電、能量等等不像物體一樣具知覺實體狀表象可供直接知覺其「存在」，其存在表象大都在於概念與理論建構層次（同樣是建構操作模型假設，從其蘊涵的直接操作觀察的事象加以操作驗證）。

　　然而電與磁與能量和物體實體、物質同樣具心智創構假設與表象的性質，它們同屬被表象在外在客觀三維空間之中，但作為表象者的心智知覺、概念、理論等精神現象的本身，如此的心智創構與超距表象的過程其本身卻未被自身表象於客觀外在物理空間之中——如它本身將電、磁、能與物的表象那樣。

　　以最明確的知覺表象為例，那心智超距知覺表象（如眼前一棵樹存在的知覺表象），那真實清醒的白日夢，如此清楚具象的呈現，這樣的表象描繪內容呈現出來，但這表象過

程的此一精神現象的本身卻無任何物理訊息與傳播介質的傳送，亦無外在客觀物體承接螢幕，完全不在物理空間之中，無法被納入物理知識架構的圖像中同處任何共同操作模型網絡中加以操作掌控，只有求諸於精神現象與物理現象兩不同層面之間局部的因果伴隨規律的掌握。

　　棋盤上不同的棋子有它不同的運作規則，這不同的棋子共同運作於相同的棋盤之上。去除馬與砲的棋局運作想來不可能演繹出包含馬與砲在內的棋局棋譜，車與卒等運作規則運作演繹所及（在同一棋盤上）有其範圍，馬與砲亦然，唯有將馬與砲的運作加入，車與卒等棋子的運作之中才增進豐富了棋局演繹的內容。

　　牛頓運動學的基本定理對於整體物理空間的某一層面作了普遍性的描繪，可是我們不能從它們演繹推導出牛頓的重力理論，因為重力理論有不同的經驗探詢，不在運動學理論蘊涵內容之內，但無論如何，兩者同屬物理的力學操作的（對於物的）操作觀察中建構的（在同一力學的棋盤上面），因此彼此不能相互蘊涵演繹，但可以將之相互納入在一擴張的定理（公設的，模型網絡）架構中，豐富了牛頓的力學。

　　磁與電（事實上電磁是一體的）的納入以豐富物理學，兩者關係之密切比起前兩者有過之而無不及。

　　磁與電或電磁同樣是從對於物的操作觀察中建構起來的，同屬一理論假設操作模型中的部分關係分子。

　　如此，我們進一步將生物的部分納入，成立為生物物理、生物化學。

　　從物理學的理論中無法演繹推論出生物學的內容，但可以將它們加以聯合，成一擴張的基礎網絡，用以蘊涵推衍更為豐富的事實。

　　無論是力學的、物理的、生物的事象，全都建基於對於物的直接的或間接的操作觀察，彼此具有共同的相通的部分，前面已經提到過一切多采多姿、森羅萬象、事物百態起於固定感官感覺訊息以及心智基本構成元素的層層完形創構與演繹而成，心智認識有其基本原型。

第二十一篇

如是其實的實體狀現象表象

　　無論心智知覺的、概念的、理論的建構與表象，其最終的基礎的驗證無比直接或間接地蘊涵到眼視肢體操作的知覺的操作模型式的驗證，如此知覺操作模型包含立體三維實體狀物體與空間表象，整體操作模型及其蘊涵操作驗證預測，如此的知識的基本原型擴及概念與理論的層次，這操作模型及其三維立體實體狀表象是人四肢五官頭腦和自然打交道的基本模式，是演化中學得的，屬出生即俱，與生俱來的能力（如各種感覺一樣屬先天能力）。

　　如此的實體狀表象不可被分析為各操作驗證事象的集合，它是一整體的事實的表象，這實體狀的表象是心智創構與表象的結果，同屬功能性的表象，有其局限性與極限性──衣服無論如何剪裁合身，它永不全等於身體。

　　普遍抽象的操作模型網絡（包括實體狀普遍抽象架構）之建構在先，才能據之以詮釋外來感覺訊息，表象為特殊個別實體狀表象，無特別大小形象的普遍實體精神架構（可能包括預先建構的基本幾何抽象形象如圓球體、正立方體、長方體等等）建構在先，用於據之以詮釋外來感官訊息，表象個別特殊「存在」表象。（正如我們必須先學習建構一語言才能據之以閱讀、交談與敘述。）

　　知覺表象、超距表象、清醒的白日夢、無物理訊息傳遞、無介質傳遞、無承接螢幕、無可以操作實體狀物體，就其精神現象本身而言無法被納入一物理操作模型之中加以操控掌控。

　　各門數學其公設架構蘊涵所及有其範圍，例如不可能及於經驗物理的領域，同樣的物理「公設」架構所及的有其

範圍能及於生命體的物體部分，但未必能及於生命本質的領域，特別是精神現象的部分。

電與磁同樣作爲物理架構，納入同一物理操作模型架構之中運作，那是由於兩者操作實驗中所建立，表象於外在物理空間之中。

物與心的關係，終極追究，限於簡單因果伴隨的掌握。

人以其四肢五官身體作爲尺度，爲自己表象實體狀物體知覺表象，作爲操作知覺模型的成員要素，這實體狀物體表象是身體四肢五官直接接觸探詢方式下自然對人所展露的一種面貌，這是功能性的創構與表象，是人認識的基本形式，別種探詢方式下當操作各實驗設計有關的器械設備時，一方面所操作的是實體物體所構成的實驗器械和設備，一方面無論所建構出來的理論如何背離眼視世界，唯物本體的觀念，其運用的基本思想形式不脫離，那實體狀操作的基本原型形式，也就是人四肢五官身體直接操作的認識形式。

人對世界的表象是立體三維機構性的，知識的架構是操作模型式的，簡單的因果伴隨的知識形式也是一種知識形式，但不是標準的完整的知識形式。

第二十二篇

認識的基本原型

人有彩色感覺而狗則只有黑白，各種感覺是先天與生俱來的能力。同樣的情形，人能夠從感覺經驗中建構三維立體空間與實體狀物體表象的知覺——整個知覺操作模型的知覺形式，乃至於整體知識的基本形式，也是與生俱來的「潛能」。

不同的感覺訊息環境中探詢學習有可能導致不同的認識網絡建構，例如知覺層面上歐氏的或非歐的，牛頓的或愛因斯坦的。

然而其基本的，操作模型式的力學模型式的認識原型卻是固定的。因為那是人如此尺寸、如此四肢五官、如此感官頭腦構造之下和自然接觸適應時，功能性表徵建構、詮釋與表象的基本型態。

以實體狀物體表象為例，那是人創構、詮釋與表象出來的功能性表象之一，它是整體基本認識原型的一個關係部分。

一切的概念與理論層次的建構與表象，其基層的，依據的驗證歸諸於眼視世界知覺的驗證預測。

這操作知覺模型，如此的認識的基本原型其中具有很大成分是演化中「學習」建構而成、與生俱來的潛能，是人與自然打交道互動過程中，功能性的表徵建構。

上述說明指出：從理論、概念到知覺的層次整體認識架構是操作模型式的。

認識的基本原型是立體三維，實體狀表象，操作蘊涵預測如此完形的操作模型的整體架構。

有不同的認識網絡架構的創構之可能，但認識的基本原

型是一樣的。

　　心智從各感官訊息的探詢中建構完形整體知覺模型網絡，從各個別知覺事象探詢中建構概念的與理論模型網絡。

　　人以建構在先的整體的知覺模型網絡看世界，詮釋感官感覺訊息，表象各種知覺事象，以建構在先的概念與理論的模型網絡看世界，詮釋理解各知覺事象。

　　網絡如框架，一方面具有普遍性，另一方面具有限制性，在界域之內普及，在界域之外有所不及。

第二十三篇

詮釋與演繹活動之部分

物理始基架構理論（如牛頓三大運動定律、狹義相對論兩基本假設等等）建立之後，接下來的詮釋與演繹及對實用科技的演繹應用才是無比豐富的資產，絕大多數的人們不在於前提理論網絡的建構，而是在於無窮無盡的演繹與應用。

即使就知覺建構而言亦何嘗不是如此，人秉持天賦潛能，從感覺經驗中學習而建構知覺模型網絡，接下來才是無時無刻進行的知覺活動，也就是秉持建構在先的知覺模型網絡，詮釋外來的感覺訊息、表象知覺心象，拼構外在世界圖像。

創構模型假設網絡之後，才是無止無休的詮釋、表象、演繹與應用的活動之開始。

從純數學的公設架構而言，一組設定的公設與定義架構，例如歐氏幾何定律可以演繹出數不清的定理系統。語句演算的推演、合成、代換與形變具有操作變化的功能，已足以導致如此複雜變化的推演結果。何況幾何公設每一條都具有操作模型的改變的功能，具以推導出如此複雜的定理。

且就經驗知識的架構而言，一件就經驗學習中建構而成的完形操作知覺模型，包括它的實體狀表象，例如切出來的平面，其完形整體實體狀表象就蘊涵無窮盡的操作驗證預測，除了徒手知覺操作驗證預測之外，從這刻意削平的實體平面表象之中，我們可以就圓規與直尺操作的方式，另外抽取，定義並建構點、線、面構成的公設組架構，這公設內涵是那實體狀表象建構的蘊涵內容之中的部份，這公設組進而蘊涵演繹出一迂迴複雜、美妙的定理系統。

一個平面鏡，其幾何平面及反射的物理性質（光在其表

面的反射定律），如此單純的前提的架構就可以蘊涵演繹出許許多多的光學現象〔例如兩平面鏡夾 θ 角，一物體置夾角內，則其成像數為 $\frac{360}{\theta} - 1$。一物對一平面鏡，在該鏡後對稱處成一大小相同虛像，此虛像（本身可被視為一光源的物體）又可對別的鏡子照鏡成像〕。

　　透鏡與面鏡的幾何結構，加上光的反射與折射的物理性質，可以蘊涵演繹出許多透鏡與面鏡公式，進而演繹出各種光學現象的預測，光學儀器的製作與運用，到了無比迂迴、複雜、奧妙的地步，非平常常識與直覺所能料想得到（最簡單的凸透鏡放大：隔著一凸透鏡看一物體，可以看到一放大虛像；之後另外再加上一個凸透鏡，則可以進一步將該虛像再放大，先被放大的那虛像可被視為如一實物光源，因為將射向我們眼睛的光線後延將交會於那虛像的位置，所以有如那虛像本身如一實物發出光線）。

　　光的反射定律、折射定理可以分別解釋很多現象，費馬最短光程原理可以解釋光的反射和折射定律，光的波動說和光的量子說分別可以解釋光的許多現象，而量子電動力學能夠解釋除了量子場之外的所有物理現象，包括光的反射與折射定律，費馬最短光程原理，甚至光的波動說所無法完整解釋的光的干涉與繞射現象等，甚至還宣稱可以解釋光的波粒二象性。

　　此處用簡單的光學作為例是非常隨意的，沒有特別的理由，目的在於說明，整個認識的、知識的結構就如一個公設系統的構成與推演展示一樣，從感覺、知覺、概念、理

論，層層的完形模型網絡建構，據之以詮釋感覺，表象知覺表象，據之以知覺到多采多姿森羅萬象，完形建構各概念架構，詮釋表象各事象（例如各基本幾何形象架構，如圓球、正立方體等等）基本概念架構（如人類、動物），進而理論網絡的建構（如牛頓力學）秉持這建構在先的認識與知識的網絡，當接受外來感覺訊息，各別事象，即據之以詮釋、表象、理解，套入模型網絡中加以理解操控應付。

認識網絡的建構之後的詮釋演繹活動更是生命個體每分每秒無時無刻不在運作與經營的活動，在世界中工作與實驗的活動。

世界就是呈現如上所述的如此可供理解運作的樣貌，至於為何呈現為如此的樣貌？答案是，事實就是如此，無從問起「為何？」的問題，或者就如愛因斯坦所說：「The eternal mystery of the world is its comprehensibility.」（世界永恆的奧祕在於其可理解性。）

第二十四篇

重覆說明一（此篇可略過）

　　腦基於它從演化中所「學得」，它的構造適合從感覺經驗中學習，建構知覺模型假設網絡，據之以將進入感官具有隱藏外物形貌線索的感覺印象的變化納入三維立體的知覺模型架構中以作為其部分關係分子，從模型架構的運作脈絡中獲得詮釋，加以表象成立體知覺心象。

　　上述知覺模型假設架構，其一必須來自經驗學習，其二，如此的經驗學習必須有它先天的腦的組織結構加以配合。

　　心智超距知覺表象之所以被假設為符合（部分）客觀真實，是因為心智可以按表象所蘊涵的操作驗證預測順利加以操作驗證，或者，也可以如此說：一、用以詮釋的知覺模型假設已經由其所蘊涵的操作驗證預測所驗證確立（最終的驗證在感覺）。二、外來感官訊息是客觀外來，非人心智所能任意指定，因此所詮釋與表象的是為，反映真實的表象。

　　這表象和詮釋它的模型網絡一樣具有假設的形式（因為它是由外來感覺資訊代入該普通抽象知覺模型中獲得詮釋所表象），本身亦同樣具有模型架構，同樣蘊涵各操作驗證預測。

　　外來客觀訊息代入一普遍知覺操作模型之中，獲得詮釋，該普遍模型藉著代入客觀訊息而具象呈現為特殊個別表象。

　　初生嬰幼兒，起初或許不經經驗學習，自行發展出一些背景知覺等，其他部分則一片混沌空白，外來感官訊息的傳入導致腦感覺到五光十色，各種聲音、冷熱、觸感、肌肉感覺不由自主的進與出，這些感覺起初並不呈現意義，之後，

嬰幼兒肌肉感覺以及他不由自主對於肌肉感覺指令觸動與反饋的進出，伴隨關連到別的感覺印象的動態變化（想像身體五官的移動轉動時肌肉感覺對於視覺印象的伴隨變化），經過時間的歷程，他經由隨意肌感覺雙向進出（起先不由自主，漸漸形成意志參與），加上觸覺與其他感覺印象，特別是視覺的伴隨變化，從其中學習、創構普遍的抽象的知覺操作的模型假設，所謂知覺模型假設，如前所述，它和操作驗試預測、實體狀表象、三維立體等等是一體。

　　感官感覺被如此的知覺模型網絡詮釋，表象成一立體三維的知覺心象，包括自身身體四肢五官在內的身像（體感被納入）以及外在物體實體表象的存在。

　　內省觀察，從無所謂維度的感覺印象動態變化，到知覺的表象，知覺不是單純的感覺連結，而是一種完形（gestalt）的創構、詮釋與表象，這要歸諸於心智先天的潛能（腦先天的結構——如同眼球先天結構之於視覺），這種先天的結構使心智能夠從感覺印象變化中學習掌握其隱藏線索，創構知覺模型網絡，用以詮釋外來感官訊息，表象三維立體空間與實體狀物體表象。

第二十五篇

內在觀察與表象之舉例：
活腦的觀察

觀察一個活人的腦，例如正在接受腦外科手術過程中的人腦。

就純外部的、物理的觀察，也就是基於對於物的操作、偵測的觀察，最直接的，眼視層面的觀察、創構與表象，如知覺層面之所見是一物體實體，運動，操作的準古典物理式的表象。進一步的探詢（有些可能非常間接的操作觀察，需要迂迴複雜的數學與邏輯的演繹設計），可能得到遠離素樸眼視的，乃至於古典物理觀點下的表象如高能量子的物質顯微世界的景象。

然而所有這些心智創構，詮釋與表象全屬於，始於外部操作觀察，終於外部表象外部操作驗證。

一個人無論如何外部觀察一個活動中的人腦，無非把它表象為一唯物本體式的物體，或微小量子高速變換位置的腦，或更進一步創構詮釋出來更奇特的表象，一切都脫不了外在觀察與外在表象。

如此的觀察中，根本觀察不到這腦有酸甜苦辣的感覺，各種知覺，思想意識的存在，可是這些都是真實存在的事象。

維根斯坦說他人的心靈是可以觀察的 —— 從他形諸於外的表情，行為舉止可以觀察到他的內在心靈，我想他的意思很單純，我們自己內省內觀自身內在意識、知覺、感覺等等，當看到他人形諸於外的表情、行為舉止時，我們就以自己內在知覺作為類比加以揣測關聯，這不同於對於物的外部的觀察與表象。

生物的生命現象基本上也是基於對於物的觀察中所建

構、詮釋與表象的結果（還有演繹的部分），生命現象的創構與表象亦有多少類似上述對於心靈的觀察過程之處，涉及到人本身內在自我觀察的成分。

　　簡而言之，人經由觀察他人外在行為、動作與表情，而完形假設建構他人內在心靈實體狀之存在，從其蘊涵的外在行為與表情驗證預測加以驗證。同時蘊涵演繹其行為預測，作為互動因應之依據。

第二十六篇

模型網絡脈絡中得到詮釋

　　人對一經驗探詢領域，加以探詢，建構知識有其固定的模式，那就是如本篇主旨一再說明的狀況，普遍的操作的精神模型網絡的建構，據之以詮釋、表象；作為始基公設式的完形模型網絡，可以據以蘊涵演繹出，許許多多，數量龐大的其他定理式的模型或詮釋表象，由此拼湊世界知識各部圖像。

　　平面鏡成像的事實或事象可以由光的反射定律加以蘊涵解釋，凸透鏡的放大事象事實可以由光的折射定律加以解釋，光的反射和折射的事象，事實可以由費馬最短光程原理加以解釋，光的波動說可以解釋光的干涉繞射等事象，量子電動力學可以解釋上述所有定理，包括費馬最短光程原理，以及光的波動說所無法完全解釋到光的繞射與干涉的一些部分等。

　　平面鏡成像可以由光的反射定律加以解釋，放大鏡放大觀察對象可以由光的折射定律加以解釋，因此問平面鏡為何能如此照出一模一樣的像貌，問為什麼顯微鏡下可以看到那麼微細的物體的放大影像是有意義的問題，也可以得到有意義的解答。

　　接下來問為何光的反射定律是如此，又光的折射定律是如此，這也可以算是有意義的問題，因為它可以得到有意義的解答，那就是費馬最短光程的原理，費馬最短光程原理可以解釋包括光的反射和折射等等的定律。

　　光的波動說可以解釋大部份光的干涉和繞射的現象，其不能解釋的部分可以由量子電動力學來加以解釋，量子電動力學可以解釋包括費馬最短光程原理在內所有光學事象。

　　光的反射定律不只解釋了平面鏡成像，同時解釋了許多平面鏡以外的現象，光的折射不只解釋了放大鏡、顯微鏡，同樣也解釋了許多其他的事象（例如彩虹）。費馬最短光程原理不只同時解釋了光的反射、折射定律，它同時解釋了許許多多其他的光學事象。量子電動力學則同時解釋上述包括費馬最短光程原理在內的所有定律，也解釋了光的波動說所未能完整解釋的光的繞射等與干涉現象，解釋涵蓋更廣的部分。

　　從周遭所知所見萬事萬物，進而物體、物質，進而元素、化合物，進而分子、原子、質子、電子。

　　且讓我們把上述各物理的定理、理論看成一個個操作假設模型，從單純的物理事象，到層層建構的各級操作假設模型，一操作模型（例如光的反射定律）可用以解釋一些物理事象（如平面鏡成像）。更進一層，更普遍的模型如費馬最短光程原理可用以包涵解釋普通普遍性的模型如光的折射定律和光的反射定律，一直到最普遍包涵的模型假設建構爲止。

　　上述物理的操作模型是可操作驗證，操作控制的。

　　我們用身體四肢五官操作觀察各實體狀物體表象。

　　我們操作陰極射線裝置（由物體構成）間接操作電子的運動。我們操作電磁設備和陰極射線裝置，經過數學計算與設計，間接操作 β 射線（電子流）在磁場空間中運動（例如循圓周運動）。我們操作巨型實驗設備（如迴旋加速器）間接操作核子碰撞、分裂過程。

　　我們建構普遍的思想的理論的操作模型，將不可直接操

作觀察的理論元目和可觀察操作的事象納入同一模型思考之中，操作可直接觀察的事象（器械、儀器、設備）。藉著實驗設計（包括模型建構、數學演繹與邏輯推論等等），間接操作那不可直接操作驗證的理論元目，有如藉著一部複雜機器的齒輪的傳動，將操縱桿的操作傳入密閉的機器內部，間接操作那不可直接操作觀察的部分。

「光沿直線前進，只是一種習慣性的，近似的說法，用以描述我們熟知的自然界發生的事情；同樣的，當我們說光從鏡面反射，入射角等於反射角時，這也只是個粗略的近似。」

關於光的許多現象如干涉與繞射，其中光的波動說所無法完全加以解釋的部分，量子電動力學可以加以說明。

量子電動力學這個理論能將所有現象（除引力現象和核現象外）囊括其中。

「……物質世界有個客觀的實體嗎？愛因斯坦堅定地認為有，他認為自然本質不應隨著我們是否在觀察它而改變，但量子力學卻似乎告訴我們，自然展現給我們的面貌會依我們觀察方式不同而有所變異……。」

「……這些人採取古典觀點，提出一些理論，其中保留有客觀實體的概念。這些理論通稱為隱變量理論（Hidden Variable Theory）。至目前為止，沒有一個隱變量理論和量子力學一樣成功……。」

認識與知識的太上前提是依據於經驗事實，古人把平面鏡成像視為理所當然的事實加以接受，有如當今學校師生把牛頓運動定律所描繪視為事實如此加以接受，進一步把狹義

相對論的兩個基本架構視爲事實如此加以接受，特別是量子力學對於顯微級距事象的如此背離常識觀念的描繪，最終一樣作爲如是其實的事實加以接受。這可能全都是一種平常的事情。

「量子論的哥本哈根詮釋從一個詭論出發：物理學中的任何實驗，不論是關於日常生活現象的或是原子事件的，都必須以古典物理學的名詞來加以描述。古典物理學的觀念構成了描述實驗的安排和陳述其結果所運用的語言。我們不能也不應以其他的觀念代替這些觀念，固然這些觀念的運用要受到不確定關係的限制。我們在運用古典觀念的時候，必須把它們可以應用的有限級距牢記在心，但我們不能也不應嘗試去改進它們。」

第二十七篇

知覺潛意識推理過程，與假設形式以及基本原型

　　當我們開車，我們先注意路況與方向盤，其實開車上路，這車上的構造不只方向盤，整輛車運作起來有如一忙碌的工廠，至於駕駛本人，他身上四肢、五官、身體呼吸，循環各部門不停忙碌，尤其是他潛意識底下複雜龐大的推論、估算，他的感覺、知覺，他操作駕駛過程中，所意識到的大概只是一小部分，大部分的過程都在潛意識的過程中進行著，包括他的心智精神的過程在內。

　　以此類比說明當我們看到，知覺到眼前一知覺對象，也就是說眼前一實體狀（具各知覺恆常性）知覺表象呈現時，我們自以為外物自然呈現在那裡，被我們被動地一目了然、一覽無遺，我們自以為我們看到、意識到眼前一切。

　　事實上，腦的構造分很多區塊，功能有區分亦有統合，有的區域受損將使人無法看到物體的連續運動，有的區域受損將使人無法辨識臉孔面貌，有的區域受損將使人無法辨認物品。心智有各不同功能運作，有些是自身意識不到的過程，但確實在運作的過程，意識得到只是其中的一小部分（顳葉，尤其是左邊顳頁在人類意識扮演一個主要的角色）。

　　當我們知覺到物體存在眼前，如此實體狀知覺表象，如此腦殼內對腦殼外的超距知覺表象之發生，我們看到它，知覺到它，我們所意識到的，只是知覺過程的一小部分，大部分的創構、詮釋與表象的過程都在「如電動般快速而自動的潛意識推理」過程中完成。我們意識到一完形整體實體狀表象具有各知覺恆常性的物體存在眼前，我們的前意識或潛意識依建構在先的模型網絡瞬間解讀詮釋如此實體狀表象所表

象的意涵 —— 各知覺恆常性的操作驗證預測，如何操作將有如何結果的整體驗證預測。各部門複雜推理創構表象，心智意識到的只有其最後部分，有如汽車駕駛意識到的只是全車各零件中，自身身體與精神運作過程中最後的一部分，例如方向盤、油門、刹車與輪胎轉動，車身運動等部分。

看到、知覺到一事物，其本身原本是經過心智主動、複雜、精巧的創構推論，詮釋表象而後呈現，它不是原本自然呈現在那裡被人被動看到，人自己本身之所以有此誤解，原因在於「如電動般快速而自動，潛意識推理過程」。

因為意識不到其過程，當作沒有此過程，也因此忽略即使知覺也一樣具有操作模型架構上的主動創構及其實體狀的詮釋表象，以及其假設與操作驗證的形式。

對同一物體的知覺表象的建構，和對它的量子高能的顯微的科學理論建構，是人在不同探詢方式下所創構出來的圖像，是人在不同探詢方式下自然對人所展露的不同的面貌。

然而無論如何上述兩種不同的表象圖像，具有人類認識的基本的共同原型，那就是操作的假設模型，其蘊涵的操作驗證 —— 請看看量子力學的哥本哈根詮釋。

第二十八篇

嚴格形構公設技巧對於抽象概念思考的反應與處理（一）

　　邏輯嚴格形構特別在於符號的處理，符號只有被約定的運作的規則，有如棋盤上的卒子，只有如何在棋盤上走步運作吃子的，被規定的性質，沒有任何士兵有關的意義。

　　一公設，就是一符號串，從諸公設可以推演出定理符號串的系統。

　　看一公設或定理，只看到符號構成的符號串，包括符號被賦予的運作規則等等。

　　恆真式可以用真值表加以定義，真值表中的真假值無論用 F 與 T 或 0 與 1 來表示，一樣只是作為一種不同符號的區分，不必涉及真與假的語意，一切機械符號操作，不必涉及平常語意。當 0 與 1 或 F 與 T 由電路通與不通來加以反映，加以二元進位的電路設計用以反映上述符號設計的機械運作關係，可以將嚴格邏輯形構加以電路機械化的設計與運作。

　　《數學原論》實際設計演繹，從基本邏輯形構的公設系統中推演出算術的定理系統。

　　基於上述所提的事實，邏輯與算數可被電路機械的設計所反映。

　　科學家實驗室裡面簡單的實驗發現，導線在磁場中運動（切割磁力線）導致導線上被測出電流，如此的發現導致水力發電廠的設立，以及各種生活上用電的便利。

　　上述邏輯形構到電路設計到簡單型的計算機到當今各種先進精密電腦的運作使用。

　　圓形的硬幣，圓的餅乾，各種圓形的物體，到幾何上圓的觀念，也就是觀念的圓。

張三、李四，到普遍的人的觀念。

正常人一隻手的手指全數，5 這個數，進而自然數所成的集合。

平面鏡、凸面鏡、凹面鏡、凸透鏡、凹透鏡、彩虹以及三稜鏡，各種光有關的現象，光的反射的定律，光的折射定理，費馬最短光程原理，量子電動力學。

各種各樣具體具象的事象之間有其普遍的關連關係，這普遍的抽象關係。

當我們思考、推論、演繹普遍抽象關係時往往用具體具象的事物來代表以方便思考，經濟頭腦的使用，例如，結繩記事、算盤珠子等等。

上面嚴格形構的符號設計運作，乃至於電路設計等等都是。

人建構普遍觀念來反映具體具象事物之間的關係，接著又藉由具體具象事物來反映這些抽象關係的推演。

此處且先補述上面公設符號串到定理符號串推演的一件事實。

一數學公設（無論數學式的數學或物理式的數學——物理式的數學就包涵了此處對於物理的討論。）必然是一普遍的敘述，及於整個公設設計定義範圍全部，有如一棋子可運作棋盤每一位置，一物理定理及於宇宙全境（光速萬有性為例），此外這公設必定不只是一串靜止不動彈的符號，而是一普遍運作形變的模型規則公設的整體包含形變規則在內（如同一棋子運作的規則之對於棋盤上的棋子）。

先說明一點，如此普及的，形變運作的公設（以及之

後推演出來的定理，當作爲推論的前提。）兩條共同運作於共同的場域，則可產生無數的形變組合，三條、四條，共同的運作，產生的形變變化結果將更多、更複雜，更非一目了然、直觀可以看出。

且僅以微積分教科書爲例，當從自然數、實數到複數、代數、幾何、解析幾何、三角，各科數學符號的引入，加上連續、極限等觀念與符號的納入，演繹出來的是如何複雜迂迴、多采多姿，豐富的定理系統，除了可以作爲一種藝術欣賞之外，產生了驚人的實用效果（人一生無時無刻不在作演繹推論）。

演繹推論使我們突破眼視、直觀的視野，大大擴張我們心智的視野，而演繹藉重於符號設計與邏輯過程的此一事實，更是不容忽視，僅看看歐氏幾何原本上面如何單純的幾條公設可以推演出如何迂迴複雜，遠遠超乎人們眼視直觀的理解。一個人可以直觀一個正六邊形裡面的幾何性質，但他不可直觀正兩百邊多邊形的性質，必須依靠分析的方法加以了解，也就是從設理加以邏輯推演的方法。

現在回到那嚴格形構邏輯公設的符號串上面（且以語句演算爲例，請想像那4個公設），前面提到一公設符號串，純然只有就符號加以處理，暫不作任何語意的解釋。如此一來，這一串印刷符號串，如何能有形變的可能？（符號是不動的，不是嗎？）

前面以數學公設爲例，它們都是一些模型式的規律（請自行回想，數學、幾何、物理的例子），唯獨這嚴格形構的邏輯的公設符號串不動如山？事實並非如此，它還有形變的

規則，這些形變的規則同時用之於所有的公設上面，因此屬於整體公設架構的一個部分。

當我們從事數學的、物理的、法律的各種演繹推論時，我們可以使用邏輯，包括使用已經建構出來的邏輯定理（一個學生解一數學題，答案是否正確，不在於他圖形畫得正確與否，而是在於他是否邏輯地從前提推論出他的結論）。

如今，我們設定幾條邏輯公設（邏輯學家如此設定是經過千錘百鍊的思想訓練結果，深入核心的領悟）。當我們從這幾條公設推演出定理系統時，我們是否有現成的邏輯定理可用？（如同上述法律辯論一樣？）

既然邏輯定理是我們待證的定理，我們如何又何處取來邏輯定理用以從公設到定理的推演？

因此，我認為上述那公設符號串加上形變規則才是整體完整的公設架構，符號串加上形變規則才使得公設具有蘊涵形變的性質，而那些形變規則本身就是邏輯的實際運作，是被作為起步的公設的架構的一個關係部分。

第二十九篇

嚴格形構公設技巧對於抽象概念思考的反應與處理（二）

　　從事演繹推論中，作為物理、幾何（包括數學式的幾何和物理式的幾何）、數學（此處特別以抽象代數的「符號串」形變為例）各門科目的推論前提，那些公設式的前提，每一條都是使用語文來描述一些普遍模型式運作形變的規則，對於物理事象的，幾何事象的，乃至於生物的、法律的，全都是在於普遍模型式操作形變規則的描述。

　　如此公設形式的進一步精煉是抽象符號化，例如代數，特別是抽象代數、代數結構，更進而嚴格形構的數理邏輯。

　　無論是平常語言，作為對象語言描繪下的各門各科各種普遍公設定理式的命題敘述或是嚴格形構下，公設式定理符號串（及其形變規律等）的陳述，它們之所以可以作為演繹推論的前提，可以據之以推演出定理系統的原因，在於它們具有普遍操作形變的性質。

　　當兩條或兩條以上諸公設共同共操作於共同定義範域上時（它們都是普遍操作模型，普遍規則及於共同範域每一處，因此可以任意調整聚焦一處，共同運作在一起），即可產生各種形變演繹的結果。

　　且以歐氏平面幾何為例，5 條簡單透明的公設可以推演出畢氏定理，九點共圓等，乃至於二千年前即已推演出來的許許多多、極盡迂迴、複雜、多采多姿的豐富的幾何定理。

　　許許多多數學、數理的學科，它們極盡艱深複雜，兼具實用與極致美感的定理式結構，卻是建基於相對單純透明的公設式定理，經由邏輯的推演所得的一種結構嚴謹的定理形式架構。

　　當運用的前提越擴充，從它們所推演出來的定理式系

統，其架構就更宏大壯觀，亦更易於設計演繹，擴增其工學上，各方面的實用的定理形式的設計，例如微積分的定理系統，其規模、內容與用途設計就因爲包含了實數、複數、幾何、解析幾何、三角等等（加上連續與極限概念的運用），所以具有更宏大的架構與應用。

現在回到本篇主旨論題，如此演繹推論之所以可以進行，形變之所以可能，原因在於每一公設都具有操作模型式敘述的性質。

一般的演繹推理，無論物理、法律等等，作爲推論前提的難免於都是一些普遍性規律的陳述，也就是難免於一種模型式操作，普遍的形變的描述。

以普通的代數，或是抽象代數的演繹推論爲例，作爲推論前提的公設式設理，明顯可以看出都是一些形變操作規則的列舉；一最簡單常見的如交換律、分配律、代換律，再如左單位元素、右單位元素、左理想、右理想、左運算、右運算，各種各樣的形變規則列舉。

從公設到定理的演繹，導致公設到定理的形變的是代數公設本身形變規則而不是邏輯的規則，邏輯只是展示公設前提的蘊涵，它不涉入公設與定理本身的內容。

數學、物理、生物、法律、政治的推論都用到邏輯，但邏輯不是數學，不是物理，不是生物，也不是法律與政治。

現在回到嚴格公設形構符號邏輯的推演。

且以數學原論裡面語句演算那四個公設爲例，每一公設都是一符號串，看不出有模型操作，符號形變的描述。

以這四個公設符號串爲前提要推演出整個定理系統，可

是那公設只是靜態符號串，沒有形變的，普遍模型操作的規定（不像前述各數學、物理等科目，特別是抽象代數結構的符號操作形變規則本身就列述在公設之中一樣）。

處理的方法是，在這四公設符號串之外，另外公設約定式的方式，給予三條形變規則，那就是代換、結合和推論（斷離）之規則。

四個公設符號串一致給予代換規則（統一代換律和界說代換律）之後，使得每一符號串中的靜態符號成為可代換形變的變數符號，於是這四公設符號串就具有形變功能，這代換規則雖被列於公設組之外的形變規則之一（以公設性質訂定）。事實上可視之為整體公設內容的一個部分。

前述抽象代數（姑以此為例，不再提及其他科目）公設架構推演其定理系統，這推演過程可以運用邏輯的定理（邏輯在於展示前提的蘊涵關係，不涉入抽象代數本身的內容）。

可是如今當我們進行語句演算如此純語法的，也就是邏輯的嚴格公設形構的推演，邏輯公設到邏輯定理系統的推演，我們可以把有待推演出來的定理預先拿來運用於如此公設到定理的推演嗎？

結果是，給予四公設符號串之後，另外給定的三形變規則也是公設性質的，在整體公設架構內的。

除了上述代換規則已經略作說明之外，另兩形變規則分別是結合規則和推論規則。

當我們說到嚴格公設符號形構，我們有一大部分工作是在處理紙面上印刷符號的機械的運作。

　　語句演算四個公設符號串，其恆眞式的性質可以由眞值表加以定義，眞值表中的 0 與 1 或 F 與 T，或任何兩不同印刷符號只是機械地作爲不同符號的區別，不必具有任何語意上眞假性質的指涉。簡而言之，如此的公設符號串，如此的眞值表定義過程，一切全都是符號的、機械的，不必牽扯任何語意，事實上從眞值表的 0 與 1 或 F 與 T，如此二元的運作可以由電路通與不通如此的機械過程加以反映，從如此的事實基礎，進一步演繹發展可以通往計算機、電腦各種自動資訊科學的發展。

　　且看那推論（斷離）規則 $(p \rightarrow q) \cdot p \rightarrow q$ 和結合規則兩者全都是邏輯定理的恆眞式，可以機械地由眞值表加以定義，也可以由公設推演出來（用自己本身作爲形變規則推演出自己本身定理的形式）。

　　簡而言之，此處既然將這三條形變規律給定爲公設架構的一個部分，具有公設的性質，一切的質疑自然可免。

　　這形變規則表成形式語言符號串，如推論斷離規則，形式蘊涵 $(p \rightarrow q) \cdot p \rightarrow q$ 無論形式符號式經過語意解釋，乃至於加以實質推論操作全都是一恆眞式的形構式，恆眞式的邏輯定理，恆眞式的邏輯推論運作，也就是全屬一貫的套套邏輯，我們在此根源處看到邏輯即爲套套邏輯的本質，邏輯在於比對，展示前提的蘊涵，它不涉入前提與結論內容的本身。

　　除了正式的所謂的物理學之外，還有一種姑且稱之爲直覺物理學；出生未滿一年的嬰兒當它看不到媽媽，媽媽不在視線之內時，它不知道媽媽其實繼續存在於它視線之外的某

處。

　　全世界各種族的兒童，大約五歲之後即具備基本的直覺物理學的知識，例如他知道刀叉從桌面掉出一定往下掉到地上，他知道棋盤上的棋子不會無緣無故消失或自己無中生有出來，棋盤形狀大小，棋盤上的棋子圖案不會自行變形。他知道一個棋子從一處移動到另一處必定經過一連續的軌跡，不會從一處消失，再從另一處冒出，或中間有斷點，乃至於動物也免不了有這種直覺物理學的知識；一隻兔子不會把躲在樹幹後的野狼視為已消失無蹤，而是認為牠仍然繼續存在著，隨時（沿一連續路徑）出來獵殺牠。

　　進一步抽象，進一步概念與理論建構就是人類的物理學建構。

　　本書從知覺層面到理論層次的基本原型已經闡述清楚，此處不宜再加以贅述。

　　直覺物理學乃至於基礎物理概念架構蘊涵了一些儀器、工具、器械基本性質的掌握，例如直覺物理學讓我們潛在地直覺地認為一量桿、量尺或張開兩腳的圓規在空間中位移，形體形狀大小長度不變，於是可以移動操作來分別測量平面上相隔兩處兩物的長度而確定其為等長，不必要把一處的圖形剪下來，移到另一處和另一圖形來個頭對頭、尾對尾而確定其為一樣長。

　　一般所謂一樣長是：兩物相疊比對的方法決定，但有了上述直覺物理知識架構下，量桿在空間中位移時形狀大小恆定性維持的想法就可以分別加以測量而決定，可以定義相隔兩處不同線段，不同角度的相等。

　　上面這些理所當然的想法，完全限於一般知覺經驗，以及常識與古典物理的架構。

　　在後來的量子力學，以及相對論的物理裡面，上述那些看似銅牆鐵壁的看似先天道理的事實或天理並不成立。

　　這裡我僅略為提到量子力學的一些相關的看法，至於相對論中所提出的內容就更加明顯不予贅述。

　　本書中有引量子力學有關的一段語句：「……電子的軌跡是根本不存在，並不是我們沒有能力去觀測而已。更具體地講，如果在某時刻偵測於 A 處，而在一分鐘之後電子出現在 B 處，我們不可以認定電子是經由一條連接 A 點與 B 點的路徑從 A 跑到 B。」

　　很多人不信服這個結論，他們依然認定軌跡仍舊有意義，只是很難觀測而已，這些人採取古典觀點，提出一些理論，其中保留有客觀實體的概念，這些理論通稱為隱變量理論（Hidden Variable Theory）。至目前為止，沒有一個隱變量理論和量子力學一樣成功，但誰能保證隱變量的想法永遠不會成功呢？

　　關於相對論物理在這一方面的論述請看本篇相關內容——即使時間（例如同時性）空間如此始基的觀念，其定義亦必來自嚴格操作的定義，這是愛因斯坦偉大的貢獻之一。

　　直覺物理學更上一層的抽象，物理學的建構此處不予概述。

　　上面談到直覺物理學裡面對於棋盤、棋子的知識，才有進而訂定棋藝規則進行下棋遊戲的規則。

　　現在，我們回到直覺物理對於平面上圓規直尺的知識及其運作。我們進行基本操作而設定基本公設，加以邏輯演繹、導出一定理系統，如此，我們進行的是物理式幾何，是一種物理知識的進行。

　　來到數學式的幾何，也就是純數學的建構，此時公設內容不再依據經驗知識，當然不可以依據直覺物理學的想法，不再有直覺的天理的涉入，不再有量桿、圓規等物理恆常性質及其在紙面上以及離紙面上在空間中位移操作的直覺物理知識或基本物理知識的涉入（對歐氏幾何而言，它所對應的是古典物理知識以及一般日常常識架構）。

　　把圓規、直尺、平面由棋盤、棋子來類比則每一幾何公設的設定約定似可由棋子的運作規則，棋盤規則來類比。

　　歐氏公設每一條都是一普遍、普及平面每一點，所有領域的完形規律運作，每一條都蘊涵無限多種可能的形變，因此幾條公設可以共同交互運作演繹出形貌大異，迂迴複雜的定理系統——請特別注意，在如此純淨的公設系統中沒有述及任何工具的運作許可，只是概念性敘述其形變的可能，如此每一公設普遍性運作及於每一平面上各點的公設模型，必然涉及不同點處，相隔距離外，線段與角度的相等，這是公設普遍運作於每一處的其可能性的基本條件之一。

　　現在回到本篇的焦點，平面上相隔相距不同點上兩線段，兩角度的相等如何獲得定義，它不可來自經驗物理、直覺物理。不來自直覺，它來自哪裡？

　　它來自於公設，直接加以設理，就是如此加以公設架構，不涉及經驗，不涉及直覺，直接以公設明文設定（事實

上歐氏幾何仍然暗藏許多直覺觀念，後由希爾柏加以重構改正）。

　　上面舉量子力學和相對論的思想例釋說明一量桿，乃至於一量子在空間中位移，其形體恆常性乃於固定移動的連續的軌跡等等想法，由經驗所顯示，並無任何先驗理性，直覺判決的餘地，因此空間兩不同點相等線段相等角度的思想，也就不是可以由先驗直覺所訂定。

　　歐氏幾何公設的設定既屬數學式公設，其公設不涉物理經驗，不涉直覺物理，純由公設設理明文訂定，抽象於經驗物理之外，以此作爲最基礎的前提。

　　必須先說明一點，歐氏幾何公設易於加以物理意義的套入與解釋——將圓規與直尺的操作性質加以對應，將一一吻合，可將歐氏幾何詮釋轉換成一物理式幾何，它符映於古典物理的描述，關鍵在於第五條公設，正如相對論物理之符應於里曼幾何，歐氏幾何和各種非歐幾何都可以各基於不同的公設架構（特別是平行公設的不同）各自發展一套公設定理系統。

　　現在說到，凡所有直角皆相等這一條公設，所謂直角，定義在先，相交兩直線其鄰角相等是爲直角。

　　前面剛說到量桿形狀恆常性不變的問題，數學式數學，平面上相距兩處兩線段等長，兩角度相等此事，必由公設加以設定（理由已經多所說明），如此當我們說，在 B 處作一角相等於某一已知角，才有了意義，凡所有直角皆相等，可以邏輯演繹出各 1/2 個直角，1/10 直角，乃至於所有各種角度，各各分別相等，這一條公設如其他公設一樣成爲普遍

普及操作於平面每一點處的公設。

此問題討論到此為止，下文部分是先前草稿，照樣列出可作為參考。

一線段和不同位置的另一線段為什麼被稱為等長？又一平面角和不同位置的另一平面角為何被稱為相等？

一般稱兩線段等長是指兩線段，兩物體靠在一起，頭尾相對齊謂之等長，平面幾何上我們並不把一處的線段的圖剪下位移讓兩圓齊頭比對，而是用一量桿（圓規張開固定長度意思也一樣）先量一處的圖形，再移動量桿（或圓規）量另一處的圖形。結果 A 處的線段和量桿頭尾對齊等長，B 處的線段也一樣，我們因此說，A 處和 B 處相隔空間兩處的線段相等。這其中我們自以為那量桿或圓規的形狀體積大小長度（一實體狀）不變，在位移過程中相隔空間任何一處形狀大小不變（如此實體狀）這想法完全出自於一種假設建構──無論你做過多少次的移動測量比對相隔兩處的線段都有相等的結果，你仍然無法排除下一次或那量桿在移動中，不同空間點處的形狀大小長度一定不變的可能，你只是從如此的測量比對中建立起一種假設，一種完形實體的假設架構，也就是建構起一種形體不變實體狀物體恆常性的假設架構，如此的概念、設計的假設就蘊涵預設量桿在空時中位移運作形體恆常性的保持，秉持如此的假設，我們就可以蘊涵預測無限多次的驗證測量，每一次的驗證都能順利支持如此的假設，於是我們就能順利測量比對斷定相隔不同位置的線段的長度相等的準繩基礎。

說明一點；有限次數的操作測量結果不足以拼集成上述

那實體恆常性的假設架構，而後者可以蘊涵無窮多的操作測量驗證預測。

必須強調的是如此在空間中位移，實體狀恆常性不是什麼先驗的理性，天生理所當然的天理，而是經由經驗中建構而成的假設，簡而言之它是一種理論假設，從前述引句中可以看出「隱變量理論」就是類似於如此的假設理論，而如此的假設在量子力學中是被否定的。

上面談到所謂等長的意義，其操作定義是併在一起比對，頭對頭、尾對尾齊，平面上不同空間點兩處的兩線段無法作如此的比對，必須藉助於量桿或圓規等器具的操作，而圓規與量桿的位移又有上述種種的疑問。因此簡而言之，我們建構假設架構，最終，我們稱兩不同位置的線段等長是從完形假設建構的概念設計中給予定義，定義它為等長量桿在空間中移動過程中經過不同的點是否長度因萬有力而伸縮我們無法確定。他在每一點上的長度為等長乃出自於假設建構給予一種對等定義（Coordinative definition）定義它為等長——有時要避免在需要定義的地方找真實。

先重覆說明幾種區別，驗證事象、知覺事象的發生，例如 β 射線衝擊螢光幕，使螢光幕發光此一事象，光學上干涉條紋的呈現等等，這些直接觀察發生，知覺事象和完形整體假設架構，例如電子、光子等等理論假設架構的區別。

即使就一直接觀察的知覺事象而言，它也有感官感覺訊息刺激與完形整體知覺模型網絡之區別。

物理上，長度、時間等等單位其定義源自對等定義。如前所述必先有概念設計的假設架構蘊涵量桿（圓規、直尺）

形體位移中恆常性的維持，才有測量相隔兩處物體長度加以比對爲等長的可能（如一公尺長對等於巴黎那標準模型）。

就一般中學生平面幾何數學，他們先有圓規、直尺等工具的物理性質的物理知識架構建構在先，接著操作這些器具在紙面上運作，作有限次數的測量運作，然後建構公設架構——完形整體的概念設計，可以蘊涵無限多的驗證預測，演繹出定理系統。

每一公設都是一完形整體的操作規則描述——圓規與直尺的操作。

由於每一公設都具有如此完形普遍，及於平面所有部分的操作，如此的普遍性，因其許多公設一起運作可以演繹出，豐富形貌大異於公設的，不是一般直覺可以直觀的迂迴的定理系統形式。

以上所述都是物理式幾何的狀況。

現在回到純然數學式幾何的歐幾里得幾何公設，在如此純數學抽象的學科中，其公設純粹直接加以設定，例如平面上不同點處兩直角相等，相隔兩處兩線段相等等事項，不經上述物理式幾何、觀察、建構、然後定義等等的過程，而是直接明文加以設爲公設。

前面物理式幾何和之後所談數學式幾何其公設，一個源自於經驗基礎，一個源自於直接設定，兩者都藉此排除所有在公設條文之外的另外的偷潛進入的其他直覺，或其他概念想法。

當然數學式幾何公設，每一條一樣必然是爲一完形整體普遍操作及於整個平面每一處的普遍規律的操作描述，

但它絕不提及任何人為器具如圓規、直尺等在平面上運作，甚至離開平面在三維空間中移動運作（如一般中學師生之所為）。它只是抽象描繪其形變的可能，如同嚴格形構數理邏輯公設法的符號操作，其實也就是形變規則的描述。

且以不同點上直角都相等的此一公設而言，我們不能訴諸於理所當然的直覺（理由請回頭看前面的說明）而是必須給予明文敘述，這公設可以蘊涵出直角、45°角、30°角，所有各角，在不同位置上相等的蘊涵結果，有了這一公設，才使得和其他公設交相運作演繹的可能。其他公設和這公設一樣也全都是一普遍完形架構的描述，它們不述及任何器具操作，而只作抽象的描述，形變規律的描繪。

如此數學式幾何，嚴格純淨的狀況下演繹而成一豐富多采的定理系統。

當我們把這數學式幾何公設加以物理的解釋，例如用圓規、直尺等等物理性質以操作以一一符映，在公設架構上一一符映，給予物理意義，則整個歐氏幾何系統的定理，可以轉變成物理的描述，例如牛頓力學就是由歐幾里得幾何來加以反映，而愛因斯坦的物理傾向於由另一不同公設架構系統的里曼幾何來加以反映。也就是成為物理式的幾何。

之所以用直角來作為公設的理由，是有基本性質的意義，直角由兩直線相交定義開始，以此延伸進而所有角度，這是合理而精心的設計，避開煩雜瑣碎，這是設定公設必須達到的部分。從所有不同位置的直角都相等的此一公設，可以用等量除以等量的公理加以推演而及於所有不同位置的各種角度（例如30°角）的相等。

　　心智從感覺到知覺層面的完形假設與驗證架構的建構，直覺物理學，進一步抽象建構為物理學，也就是進一步抽象與概念建構，抽象同時捨象，建構乃進一層完形架構。

　　從知覺的完形建構，直覺物理學乃至於物理的完形建構與表象中，抽象（同時捨象）建構成為約定建構的數學建構（亦有其完形整體的性質）。

　　木板以具體物體抽象出無固定大小形狀的大小棋盤概念架構以及無大小形狀限定，只有棋步運作的抽象棋盤、棋子、整個棋藝概念設計。

　　從具體具象（例如水平面）中抽象建構平面，平的概念建構。

　　從平面物體上作畫、刻線、畫線此種操作工作中抽象出數學或幾何的點與線與面的概念建構，無大小面積的點、無寬度的線，甚至無厚度無任何材質的規定的抽象的平面——平的概念架構。

　　從畫線、塗鴉中抽象建構有關點線構成圖形的公設架構。

　　看看歐氏幾何公設每一條都是一及於平面每一點每一處的普遍模型式操作敘述，但不涉及任何工具、器械、人為操作的敘述，以示外於物理，作為純粹數學的性質。

　　從棋盤、棋子的直覺物理知識，知覺層面的知識架構中，抽象（同時捨象）出無特定形狀大小只有走步吃子等模型式運作規則的每一棋子和棋盤的概念架構，當下棋時，此抽象架構反過來由一套具體具象的棋子與棋盤加以表象。

　　且以此類比於歐氏平面幾何上無寬度的線、無大小的

點，在抽象完形建構一平面概念完形架構之後，在上面設定畫線作圖規則（每一公設都是一模型操作）。

這平面概念完形建構蘊涵了各種各樣的性質，包括在其上畫線作圖規則如此公設架構。

從具體具象事物中抽象建構出平面的完形概念架構，再抽象建構在其上的畫線作圖操作（不述及任何器具操作，只作抽象敘述）。

這平面概念完形建構蘊涵了歐氏公設，歐氏公設蘊涵了一定理系統。

如果在平面上作別種運作，例如塗色（各色），則亦有可能由此建立其他模型運作規則，甚至類定理系統。

本書主旨在於指出；即使直覺知覺下觀察的事象亦同樣出自人心智抽象完形建構，蘊涵驗證與詮釋演繹，具假設與驗證的性質，整體知識的本質無法外於心智主動完形創構的過程，其最始基的驗證在於感覺訊息，即使感覺本身亦無法外於腦殼內心造創構的過程。

以如此的方式，表象描述認識客觀外在，盡力逼進客觀外在描繪與表象。

「世界是我的表象。」（真實的表象。）

「在如此如此探詢方式下自然對我們展露的一種面貌。」

「自然並未展露全貌。」

經由心智完形假設建構，從其蘊涵加以驗證，及其詮釋與演繹，以此盡力逼近以表象客觀。

然而，衣服無論如何剪裁合身，它永不全等於身體本

身。

在歐氏物理空世界中經驗生活的人，他們將創構出歐氏幾何的心智架構，從直覺物理學層次到物理學的層次，他們進而抽象建構出來的平面概念架構，可能是歐氏平面幾何的公設架構。

同樣的情形，生活在非歐物理空間世界中的人，他們建構出來的所謂平面的概念，可能是一種非歐幾何公設的架構（主要在於平行公設的差異）。

在里曼式物理空間世界裡面的平面上可測量出內曲率的存在（內曲率不同於歐氏空間中球面凹凸所呈現的外曲率）。

依據歐氏物理幾何的直覺物理則不同點處兩直角直覺上相等，但數學式數學不得以如此直覺物理式，而是加以明文公設設定作為前提。

象棋裏面的馬是什麼？它是一抽象完形整體規律形變的概念架構，下棋時由具象的棋子加以反映。直線是什麼？意思也是一樣，是一完形整體運作規律的概念架構，兩點之間的連結，無限延伸的概念；沒有所謂面積大小的點，沒有寬度的線，沒有人為工具操作的描述，只有抽象形變完形整體運作規律的概念架構。

上面對於公設法數學式幾何的描述同樣可以用之以理解皮亞諾公設法運作的特性。

同時被問到直線是什麼？皮亞諾公設在做什麼？一併簡單回答如上所述。

第三十篇

就整體的觀點，世界是如是其實
每一事實的展露沒有「爲何」
問題的困擾餘地

　　人如同各種動物一樣，各具有他們不同的先天能力，即以感官、頭腦與心智而言，人各種感官感覺就是天賦的能力，人三維立體知覺，以及種種抽象概念的潛能等等都是。

　　人對外在世界的認識固然要有經驗的過程，同時也要有先天具有的一些相關潛能，兩者的配合。

　　從感覺到知覺到概念進而理論各層次的認識、知識架構、心智頭腦是從普遍模型網絡的建構在先，接著據以詮釋外來訊息，才表象各特殊事象，才據之以演繹森羅萬象、萬事萬物各種事象的可能。

　　本篇曾從感覺到知覺的過程說起，心智從感覺探詢中建構普遍操作知覺模型網絡，據以詮釋外來感官感覺資訊，表象成各特殊個別事物存在及其運作的知覺表象，三維立體實體狀超距心智表象是整體完形操作模型的部分關係分子，是對於無限多種可能的操作驗證的預測。

　　人心智先天具有其固有認識的基本原型，那就是一種普遍操作模型，包涵三維實體狀超距精神表象，以及對於無限可能的操作驗證預測，如此的完形建構是人從演化中學習遺傳下來的基本認識形式。

　　如此基本原型完形建構的先天能力加上它對於感覺經驗的學習，完形建構一符合本身蘊涵的驗證預測，用以反映外在眞實（即使一個人體的幾何形體的認識如此單純的部分，也是先有建構在先的基本形體如圓球形、正立方體、長方體等各基本形體作爲預構在先的模型作爲依據）。

　　關於這個問題前文已多所敘述，此處姑予以省略。

　　此處焦點在於指出（假設讀者對本篇主旨內容已經有

所掌握），從感覺到知覺，從知覺到概念進而到理論，心智
是從感覺的探詢中建構普遍的完形整體的知覺模型網絡，從
各事象探詢中建構各普遍概念模型網絡，進而建構普遍的理
論模型網絡，如此建構出來的各層次的普遍的完形的模型網
絡，經由其本身所蘊涵的操作驗證預測加以操作驗證，假設
其為符合，反映真實，成為一描繪真實普遍事實表述，在這
層次上暫無「此事實如此，其原因為何？」的問題。

　　各層次如此始基的普遍的模型網絡建構在先，作為詮釋
的與演繹的前提，據之以詮釋外來感覺訊息，各個別事象、
表象為知覺心象，演繹各種可能事象表象。

　　我們的知識結構，就是由普遍及於各種特殊，我們看到
森羅萬象，我們在我們自構表象的世界圖像中工作與實驗，
這世界圖像的架構是由各建構在先的各層次模型網絡，交相
詮釋、演繹編織成、拼組成的世界圖像。

　　提其綱領，這些模型網絡所反映所描繪的經驗事實是由
經驗學習，完形建構，從其蘊涵操作驗證加以驗證而確立，
在此系統網絡中暫無「為何」的問題，只是如何的描繪展
示，至於各特殊個別實體狀表象，各種事象、想像，乃至於
某些概念結構等等，其成為認識對象而呈現必經前述各模型
網絡的詮釋、演繹而呈現，當問到這些事象，乃至於原理等
等為何如此時，可以追溯，展示其由諸作為演繹推論（或詮
釋）前提的模型網絡如何經由邏輯過程進演而得出，這是回
答其為何的方式。

　　在整個世界圖像中，在我們整體知識圖像中，如此的事
象、現象、原理、概念是可以在整個知識系統內部發問「為

何」的問題，而其解答一律回溯歸給那些作為前提的、建構在先的普遍的模型網絡。

綜觀整體世界圖像、知識圖像整體全局，局部的、表面的觀點有其「為何」發問、演繹與解答的空間，就整體上的，本質上的觀點，世界就是如是其實，如此的每一事實，沒有「為何」問題的困擾。

第三十一篇

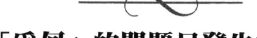

「爲何」的問題只發生於演繹分析過程中

　　在數學式數學的公設推演系統中，一定理所展示的如何的述句，被問到「為何」是如此的「如何」，此時「為什麼」這語詞有了意義，因為我們可以從那數學公設架構中邏輯地推演出那定理之「為何」如此的「如何」。

　　就這個封閉的數學公設系統中，其公設組成，每一公設的述句，其「如何」的述句不再有「為何」如此「如何」提問的可能，因為沒有其他的前提可以用以推演、證明，也就是蘊涵公設述句的「為何」，如此的「如何」，簡而言之公設述句的「如何」，不再有任何「為何」的解釋的存在空間了。

　　就數學式數學的架構，其公設是出於約定設計（一致性與完備性的條件要求）。也就是說，活生生地加以接受，沒有任何前提理由來蘊涵它，也就沒「為何如此」提問與解答的空間了。

　　就物理式的數學演繹系統，其公設的如何是被創構設計符合物理操作觀察事象的驗證預測，簡而言之可以視之為一種普遍事實的經驗述句，以其公設屬性，則其如何的述句（事實上是一普遍的、精神的、操作的、完形整體的模型展示）沒有在先的前提可供蘊涵、推演、詮釋、證明此公設式物理經驗的述句，唯有活生生加以接受其為如是其實的此一事實，沒有演繹證明，沒有蘊涵推論，沒有解釋的餘地，沒有「為何」問題提問的空間（請注意這裡是就一物理式數學此一封閉系統而言）。

　　至於這系統中的定理的「如何」，因為它可以經由公設前提中蘊涵演繹加以「證明」、「解釋」、「推論」，因此

可以有了「爲何」的提出與解答。

以上，簡而言之，「爲何」此一語詞是在演繹系統中的語言脈絡裡面加以定義。

這裡先簡單強調一點，從諸公設到諸定理之間的邏輯過程，導致定理如何內容的是公設內容的如何，邏輯的程序在於展示諸公設所蘊涵的內涵，邏輯本身不涉入公設與定理的實質內容。

一太上前提是，唯有活生生地加以接受，經驗事實就是如此！

爲什麼物體不受外力則靜者恆靜，動者依等速前進？

爲什麼世界由微粒構成，呈量子狀態？在無重力場的外太空，一物體爲何不往任何方向掉落，而永遠靜止在一處？

答案：是沒有什麼「爲什麼？」提問的空間，事實就是如此，自然就是呈現如此面貌。

休謨所說 A 因 B 果之間沒有「爲什麼」的理由，經驗事實就是如此，「A 因 B 果以此習慣性關連的事實而呈現」。

一個魔術師在觀眾面前無中生有變出一隻兔子，大家問「爲什麼？」，解答是魔術師把他掩蓋，遮人耳目的步驟攤開，於是簡單明白的事實，大家所熟悉的事實展示出來，「如何，如何」的事實的展示就是爲什麼的解答，「爲何」問題的本質就是「如何」事實的比對和展示。

貓生貓，狗生狗，此一遺傳事實的爲何的解釋在於把雙螺旋鍵、遺傳基因的事實過程攤開，關連到貓狗的遺傳上面。

結核病的成因與治療的「為什麼？」的問題的解答，在於把結核桿菌和結核病的作用的事實攤開，一切回歸到事實如何的展示與描繪。

0. 為什麼太陽總是從東方升起，西方降下？

1. 為什麼油門一踩車子就跑？

2. 為什麼人走進自動門就開？

3. 為什麼手一放蘋果總是往下掉地上而不是往上「掉」天上？

4. 馬德堡半球為什麼好多馬一起用力還拉不開？

5. 為什麼雞總是生雞？狗總是生狗？

6. 為什麼魔術師可以從帽子裡面變出鴿子來？

7. 在無重力場的外太空，物體既不往上，不往下，不往任何一方向掉落（事實上亦無所謂上、下、左、右方向之分），為什麼？

8. 「物體不受外力則靜者恆靜，動者依等速前進」，為什麼？

9. 「相互作等速運動的座標系裡面，物理定律運行的形式一樣」，為什麼？

1.、2.、3.、4.、5.、6. 裡面的實例為什麼都可以問，也都可以有理由加以回答。

7. 被蘊涵在 8. 裡面。

8. 和 9.，牛頓和愛因斯坦以始基的，公理式的方式提出（所謂的 initial fram），沒有說明理由，沒有「為什麼」的問題可提出，唯有直接加以接受其為活生生的事實。

關於 6.，之所以會有為什麼的問題是因為魔術師掩蓋了一

些原本非常平常的事實過程，使得觀眾不習慣因此困惑而問「爲什麼」？

一旦魔術師把他故意隱藏與掩蓋的部分展示出來，大家就看到平常看習慣的事實發生系列過程的呈現，就認爲「爲什麼？」的困惑解開了。一切又回歸到如何的事實的展示。

1.、2.、3.、4.、5. 的「爲什麼？」的困惑提問和解答和 6. 的形式是一樣的，那就是把關連的事實攤開，展示成一個我們一目瞭然感覺習慣的事實發生與關連的見解脈絡之中，就認爲「爲什麼？」的理由已經呈現了。

分別簡單說明如下

上列 3.，把重力場的事實攤出來就滿足了你對 3. 的「爲什麼」問題的解答。

上列 4.，把大氣壓力的事實攤出來就是解答。

上列 1.，把全車構造攤開，裡面各部分零件，管路、電線、甚至引擎結構，乃至於汽油混合空氣點火爆炸，化學能到動能的轉換，事實攤開，你就滿足了「爲什麼」問題的解答。

上列 2. 和 1. 意思相近，故省略。

上列 5. 可以從 DNA 的結構以及它們在遺傳複製機制的整個事實過程的攤開，使得生命與演化的「爲什麼」的問題可以在分子層次上大致地滿足。

上列 0. 可以把地球自轉和繞日公轉此一事實的模型攤開，而對此「爲什麼？」的問題獲得解答。

以上從 0. 到 5. 都和 6. 一樣，「爲什麼？」問題的解答在

於將待揭開的事實關連攤開，使成為一自己認為理所當然的，熟悉其為如此的事實的展示如 0. 這個例子，一般人不再有進一步的追問了，至於 5.，則可能還會有人繼續追問下去，甚至不滿足於分子層面的事實展示，繼續進入原子、次原子圖像的追問，直到展示的事實圖像滿足一個人所認為的理所當然事實就是如此為止，所謂的一目了然，感覺習慣了為止。

現在，再加上另外一種「為什麼」。

10.直角三角形兩股長平方和為什麼等於斜邊長的平方？

（或問一些問題如九點共圓，為什麼？）

畢氏定理（以及九點共圓等）的「為什麼」是可以問，也可以答的，那就是可以從幾何公設和基本的定義中，經邏輯推演加以證明。畢氏定理的形貌（或九點共圓等的形貌）和任一公設相比，看起來差異極大，我們卻可以從形貌極其單純透明的一些公設推演出形貌極其迂迴複雜，甚至令人驚訝，美妙至極的幾何定理（幾千年前幾何學就有了），原因在於每一公設都是普遍及於同一平面每一部分的普遍操作的敘述，許多公設的同時配合共同蘊涵，經邏輯過程的推演，逐步加以展示，就可以將公設所述事實內容如何蘊涵了定理所述內容的整體關係展示出來。

邏輯只在於展示前提的蘊涵，也就是展示諸公設如何蘊涵定理的內涵，邏輯只在於比對，它不涉入公設與定理的內容本身，導致定理內容的是公設本身的內容，無關邏輯的本身。

幾千年來，世界各民族早已從實際生活經驗中，工技運

作中，實際操作度量中「發現」畢氏定理所陳述的關係。

上面，我指出畢氏定理是可以經由公設法過程加以證明，畢氏定理本身是一事實的陳述（普遍事實的陳述），各公設本身也是一些事實的陳述（其實都是一些操作的精神模型的形式），本身沒有「為什麼」的問題，只是因為畢氏定理可以被置放於一演繹系統中加以演繹證明，所以才有了為什麼問題的發生與解答的空間。

現在，我們來看這定理和公設，原本都是一些事實的描述（操作的精神模型的描述），當我們把從諸公設到定理的說明全部一一展示，也就是把諸公設的內涵對於定理的內涵的迂迴蘊涵全部展示（化約是可行的，因為這是演繹的關係），於是定理的事實和公設的事實可以被放置在同一知識的或認識的層面加以面對。

簡單地說，我們把定理的內容化約進入公設的內容裡面去，於是當我們問一定理（如畢氏定理式九點共圓）為什麼時，有如我們在問那些公設所述的為什麼了。

在數學式的數學裡面，歐幾里得的公設組成結構，是約定設計的，就是內定設計被接受的，沒有「為什麼」如此的問題。

在物理式的數學裡面，歐幾里得的公設是被視為符合牛頓─伽利略的物理空間（不符合相對論的空間），此時其公設是被視為經驗事實，因為它是公設因此也就沒有可以提問為何與解答為何的理由（前提）之餘地了，也就是它是被直接接受為活生生的事實了。

至於物理式數學裡面空間中的畢氏定理關係如果將之

解消於諸公設的蘊涵之中，則公設與定理可被放置於同一層面，同屬活生生的事實，唯有直接加以接受其爲事實，不再有任何其他「爲什麼」的問題。

一個太上原理就是，世界就是如是其實的事實，唯有直接加以接受其如此的事實。

唯有當我們建構演繹系統，人爲加以區分時才有「爲什麼？」此一語詞使用的空間。

「爲什麼」此一語詞是源自於演繹系統的脈絡中建立的意義。

第三十二篇

個體實體狀表象一樣具有
假設建構的性質

（本篇可略去不讀）

物體實體狀表象，乃至於個人自我身像表象也一樣具有假設建構與驗證的性質。

筆者看《自體論》不到一頁隨意猜測該書論旨有感而發，物體實體狀表象，包括個人具體身體表象，自我身像表象全都不是現成呈現等待被「看到」，而是心智從感覺經驗中學習建構普遍知覺模型假設網絡（包含實體狀知覺表象及其模型式蘊涵操作驗證預測，進一步概念與理論模型假設網絡建構），詮釋外來感覺訊息所表象的結果。

簡而言之，物體實體狀表象和個人具體具象身相表象全都來自認識模型假設建構，物體實體狀表象，乃至於個人身體身像全都具心智假設建構架構其始基驗證在於操作知覺（關連於肌肉感覺與觸覺），三維立體空間與實體狀的操作知覺模型蘊涵的是深度廣度位移運動位移操作與實體狀表象接觸碰撞抗力變形等操作驗證──完全是一假設與驗證的基本認識形式。

史陶生從日常常識基礎爲前提下作力求語言與邏輯嚴謹的演繹論述，其實他何妨升高眼界重構更始基的前提加以詮釋所謂的個體實體，個人實體、空間維度深度等等表象的性質，使問題澄清簡化。

前提內涵的局限往往導致繁雜困難乃至怪異荒謬的推論結果。

引述史陶生作，王文方翻譯的《個體論》一書一段文字如下：「……那是因爲我想要強調說，『視覺經驗在這三方面都依賴於某個或某些與身體有關的事情』並不蘊涵『在每

個情況下這些身體都非得是同一個身體不可』。它們是同一個身體這件事，乃是一個偶然的事實。因爲去想像下述的情況乃是可能的。有一個視覺經驗的主體 S，並且有三個不同的，相關的身體 A、B 和 C。① B 和 C 的眼皮是否打開與 S 是否看見東西在因果上是無關的；S 只有在 A 的眼皮打開時才看得見東西。而如果我們在 A 的眼睛上動手術，該結果會影響 S 的視力，但如果我們在 B 和 C 的眼睛上動手術，則不會影響 S 的視力。②然而，A 和 B 在何處與 S 所看出去的地方，亦即他可能的視界爲何，是相當無關的。這僅僅由 C 在何處來決定。只要 C 是在畫室中而廉子又是放下的，那麼 S 就只能看到畫室中的東西（如果讀者對這個『看出去的地方』的觀念難以捕捉，他可以想想當一個人注視著一張照片，敘述當那張照片被拍攝時攝影機所在的位置。S 對該世界的觀點正是如此地由 C 的位置所給予）。③但 A 和 C 的頭以及眼球轉動的方向與 S 所看到的東西並無關聯。給予 C 的位置。那麼，能夠被 S 從這個位置上所看到的所有的可能的景象，依賴於 B 的頭和其眼球所轉動的方向，不論 B 是在哪裡。現在，我已經描述了一個情境，在其中，S 的視覺經驗以三種不同的方式依賴於 A、B 和 C 個別的狀態或位置。在每一個情形下，該依賴性將會對 A、B、C 本身如何能夠是 S 的視覺經驗對象的方式有所衝擊。因此，S 也許永遠也不會看到 A 和 B；但如果 S 的確看到了 A 或 B，他絕不能看到 A 的眼皮閉起來的樣子，也絕不能看到 B 的臉，雖然他或許有時能夠「從他的眼角餘光中」（如我們所說的）掌握住 B 的側影，並且或許會對 B 的後腦杓的影像

變得相當熟悉。每當 S「攬鏡自照」時，亦即當他在鏡前有一個直接的觀點時，他將會看到 C 的頭；但他或許會得到任何那個頭的影像，亦即，他不必然會看到那一張臉。當然，我們實際的情境並不是像這個樣子。當然，事實上，對於任何的視覺經驗主體 S 來說，都剛好只有一個身體，其狀態和位置是他視覺經驗的特性在這三方面都依賴的；而這三重的依賴性對於那個身體本身成爲 S 的視覺經驗對象的方式來說，有其自己熟悉的影響。我們已經注意到這個依賴性的偶然性與複雜性。……」

幾點聲明：

1. 《個體論》我只看上述一段，其餘全憑猜測，其論旨隨意加以批評。

2. 視覺知覺仍牽涉肌肉感覺，而觸覺等感覺所學習建構而成的完形知覺模型網絡。

3. 知覺主體與身體身像之關連亦屬經驗學習中建構詮釋與表象的結果，具有假設與驗證的形式。

4. 無需花費時間去涉入《個體論》之類著述。

5. 本篇對《個體論》的批評誠屬任意隨便與輕浮不必當眞。

　　A、B、C 三個頭，只有 A 頭接受到知覺感覺，其他 B、C 兩頭一個負責移動，一個負責轉動，均不接受視覺感覺，三個頭全都是知覺過程不可缺的部分。本篇前述各節指出，視覺知覺不只視覺感覺，還須要轉動與移動的操作與運動，而後兩者與肌肉的感覺訊息進出和知覺者的意志自主有關，因此視覺知覺，不只是視覺感覺，它還有肌肉感覺，甚至觸覺等感覺的關連，而知識是一完形的建構，它不是諸感覺的

聯想。

　　Ａ、Ｂ、Ｃ三個頭所視覺看到的外在景物，觀看的場地只與Ｃ頭的位置有關，因此當進行知覺時，Ｃ頭移動到要看的地點，Ａ和Ｂ兩頭不必隨行，照常進行視覺觀察與視覺經驗學習—— 以下我不想耗費時間來討論這問題，有人問我當三個頭分布三大洲時，情況如何？我不假思索地認為，Ａ、Ｂ兩頭不必隨Ｃ頭前往，Ｃ頭所在地就是視覺進行所在的地方。Ｃ頭必須有身體四肢隨行，因為知覺包含操作驗證（特別聲明，這問題我是隨意發表意見，沒經過詳察內容）。

　　我的意思是前文反覆敘說，視覺感覺不是知覺，從視覺呈現的深度知覺，實體狀物體的知覺全都與模型操作知覺有關，而模型操作特別與觸覺與肌肉感覺有關。

　　簡而言之，個體實體狀表象知覺不只是視覺感覺而需要有身體操作與運動等等知覺關係，而操作與運動與觸覺與肌肉感覺關係又特別密切。

　　史陶生在日常常識觀點上作前提作邏輯演繹推論，他用Ａ、Ｂ、Ｃ三個頭作例釋，表面上文縐縐，內容煩瑣無趣，有多餘之惑。

　　前文提到如此的實體狀表象包融在整體普遍知覺操作模型以及整體認識基本原型的模型網絡建構中。如此基本原型關連於人身體、心智先天結構在內，如此身體先天結構源自於演化中學習建構遺傳下來。

　　因此，如此實體狀表象固然具有心智身體假設與驗證的形式，另一方面卻也類先驗式地反映身體心智與自然互動反

應的演化遺傳本質，反映身心在自然中工作實驗（驗證）的現實真實的性質。

個體論、本體論在常識語言前提下作邏輯演繹推論。

我將本體、實體置入我指出認識基本原型中加以詮釋，那是人如此尺寸如此結構下，眼視觀點，顯微觀點之差，全都具有建構假設表象的性質。

科學上的「實體」、「本體」等等元目都是以模型假設建構，從其蘊涵的操作驗證預測加以驗證的形式加以定義。

眼視，常識觀點下的本體，依本篇的觀點亦不例外。

眼視，知覺操，四肢五官一身一手建構，這是人如此尺寸，如此結構狀況下和自然互動所成的，具有假設建構的形式，是我們如此身體尺寸，如此身體感官與頭腦結構，如此探詢方式下，自然對我們所展露的一種面貌，在別種探詢方式下自然將展露其他不同的面貌。

前文曾指出，其他科學理論元目實體和知覺實體狀表象，全都具有共同基本原型，即使量子力學如此異於眼經驗觀點的理論，有其「量子力學的哥本哈根詮釋」的立場。

各個別具體具象特殊實體狀表象也必經普遍模型網絡的建構，對於特殊外來訊息的詮釋所表象出來。

第三十三篇

知覺幻象

（此單元參考自別書）

1.「一位女孩先天失去下手臂，她在臂末端下方六吋處有幻手，她時常用幻手來計算，解決算術問題。一位十七歲女孩生下來的右腿比左腿短二吋，六歲時，右腿接受膝部以下截肢，她感覺自己有四隻腳，正常左腳，幻右腳和兩隻多餘的腳，一隻在截肢處，另一隻是正常外形和長度的幻下腿，雖然有人把這個例子歸於先天因素在決定身像，另一個說法是後天因素，難道你的基因會喜歡一條腿有三隻不同的腳？」

「……病人失去手臂後不會產生幻肢，一般的解釋是病人會慢慢學習，把斷肢同化入身像，這能解釋截肢後的幻肢？用視覺回饋，也許慢慢斷肢或神經慢慢受到傷害是很重要的因素，讓大腦也慢慢主動調整它的身像，不過當病人的肢端產生壞死而接受截肢手術後，他們會有幻肢，令人驚奇的是，幻肢不是已經斷肢的形象，而是整個未斷肢的形象……。」

「第二個幻象實際需要一位助手，而且可能會陰森的，你必須到賣怪異用品或萬聖節用品的商店買一個橡皮手，然後做一個 2×2 呎的紙板「牆」放在你面前的桌上，把你的右手放在紙板後面，讓你無法看到，把橡皮手放在紙板前面，你可以看得很清楚，然後叫你的朋友摸你的手和橡皮手，在同一位置而且兩處同時，幾秒內，你會感到摸的感覺從橡皮手來，這是怪誕的經驗，你明知你看到被必斷的橡皮手，卻無法防止你的目光認為感覺從它來。這項幻象再次說明你的身像不是永遠不變，且很容易被操縱。」

2.「區域學說（modularity）認為腦由各種不同功能的區域
　組成，這些區域的功能包括語言、記憶、數學能力、臉的
　認識、甚至偵察誰在說謊，這些區域好像自治區，只有傳
　出訊息，彼此溝通比較少。」

「全域學說的理論與現代所謂的相連學說（Connectionism）
有許多重合之處，這派學說認為腦功能是整個腦作用的結
果，不是由特殊區域產生的，這派學說辯護許多大腦區域
能被動員做許多工作；大腦區域互相連接，要找出特殊功
能的區域是白費時間的。」

「從我的病人得到的經驗顯示，這兩種學說並不互相排
斥──大腦是不斷在變動，對區域與全域的運作以神奇的
複雜方式互補⋯⋯。」

3.「知覺是很複雜的。負責意識知覺的新神經通路也分支成
　兩個系統，一個是『在什麼地方』的通路，它終止在頂
　葉；另一個是『什麼』的通路，它終止在顳葉。這兩個系
　統各有自己特殊的知覺功能。

　　這個『在什麼地方』通路的名詞有些誤導，它的功能
不只是『在什麼地方』，還包括空間知覺，例如到處走的能
力，在不平的地面能走動自如，避免撞到東西或掉進凹下的
坑洞，空間視覺也讓你能夠判斷移動目標的方向，前來或後
退事物的距離躲開飛物，如果你是猩猩或猴子，它能幫助你
伸手抓東西⋯⋯。

　　為了進一步說明『什麼』和『如何』兩個神經通路在
腦如何作用，我要你考慮一個引人思考的實驗。在真實的
人生，人們會因為遭受到腦中風、腦外傷或其他腦意外的事

件，在這兩個系統產生不同程度的損害。我敢預期，你會發現整個世界看起來像抽象雕刻的博物館，也像火星的藝術館，你不認識看到的東西，或它們會引起你的情緒反應。你能『看』到這些東西的大小和形狀，你能伸手抓住和觸摸，如果我擲一件東西給你，你也能接住，但你不知道這些東西是什麼，你有『意識』看到它們？這是懸而未決的問題，除非你對看到的東西有情緒的意義和語言的關聯，『意識』這名詞是不應該用的……如果，一位魔鬼醫生破壞你的『如何』通路，留下你的『什麼』通路獨撐大局，你會怎樣？你會預期這個人將有很大的困難來抓到他有興趣的東西或正確地指出他有興趣的目標，因而大為煩惱。」

第三十四篇

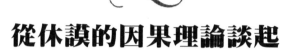

從休謨的因果理論談起

英國哲學家休謨（David Hume）對於因果的看法值得特別加以討論。

沒有任何所謂因果關係的印象這種東西，經由對於 A 和 B 的觀察，我們所能知覺的唯有 A 在 B 上或在左右側，但不是 A 造成 B（A 導致 B）以往因果關係向來多少被同化為（被視為）邏輯的依據或歸結，然而，於此休謨（David Hume）正確地察覺到，那是一種錯誤。

在笛卡爾哲學裡面，如同那經院哲學一樣，因果關連是被視為必然的，如同邏輯關連一樣的必然，對此種觀點的首次嚴肅挑戰，來自於休謨，於焉開始了現代因果的哲學。

「……由康德以至黑格爾，都沒有融化休謨的論證……」儘管有許多哲學家和康德一樣，相信康德的《純粹理性批評》是對休謨的答覆，事實上，這些哲學家──最少是康德和黑格爾──所代表的，是休謨以前的一種理性論，休謨的論證已足以駁斥之了。

一事物主體藉以產生另一事物主體的能力（影響力）是無法從我們對於這兩事物對象的印象中（概念中）發現出來的，因而，我們只能從經驗中認識到因和果的關連，不是從理性的推理或審慎的思考中獲知。「凡發生的事物必有其原因」此一說法並不像邏輯的陳述句一樣具有直覺上的確定性。「沒有任何的東西必然蘊涵任何其他東西的存在。」必定是經驗提供因和果的知識，但不可說僅只是對於兩事象 A 和 B 的經驗（此處 A 和 B 是具有因果相連關係的兩事象）。必然是經驗提供了因果關連的知識，因為這因果相連不是邏輯上的，而且我們也不可能從各個別的事象 A 和 B 的經驗

中得到 A 和 B 的因果相連知識，因為我們無法從 A 的自身裡面觀察到任何必然導致產生 B 的能力，所需要的經驗是 A 這類的事象和 B 這一類的事象的不斷重複同時發生。當經驗中兩物體不斷重複結合成一體，我們確實事實上從一物推斷出另一物（當他說推論，他意指覺察到其一促使預期另一的發生或出現。他並不意指一種正規的或明確的推論）。看見 A 造成預期 B，因而導致我們相信 A 和 B 之間有一必然關連，此種推論不是經由理性所判定，因為如此一來必然要求我們假設自然的齊一性，然而那齊一性本身並非必然，而僅只是從經驗中推論而來。

當我們說 A 導致 B（或 A 為 B 因）我們僅意指 A 和 B 是事實持續不變同時發生，而不是有某一必然的關連存在兩者之間。對於因和果，我們沒有任何其他的見解想法，唯有知道某些物體總是關連在一起，同時發生，我們無法穿透進入（看透）這連結，這同時發生的理由。

經由聯想，假如 A 和 B 在過去的經驗中向來持續不斷同時發生，對於 A 的印象產生對於 B 的鮮明生動的想像觀念，這觀念構成了對於 B 的信念。

休謨指出人只能觀察到 A 與 B 兩事象之間因果伴隨關連的事實，無法觀察到 A 與 B 之間因果關連的原因或理由，休謨的此說法，基本上無法反駁（以上是休謨的觀點。摘取自羅素的《西方哲學史》）。

下面聊聊理性論的迷思。

「凡合理性的就是真實的？凡真實的就是合理性的？」

理性論者認為有所謂的先驗的綜合判斷，人憑天賦的理

性可以超越經驗知道或理解一些宇宙自然的事實或原理。簡單舉例如兩點間最短的距離是直線，畢氏定理，牛頓的一些運動定律等等。

牛頓力學銅牆鐵壁式的確定性，數學語言在其中完美的應用描繪（例如微積分、各種工程數學等）曾經使得一時的人們以為，那是亙古不易、最後的真理。

許多理性派的哲學家就從牛頓力學的如此特性，營造出頑強的理性論——這些力學架構是完全理性的，出自理性，「凡是合理性的都是真實的，而凡屬真實的都必合理性的。」

後來的科學發展（例如相對論）指出牛頓的如此頑強確定性「合理性」的架構是可以被革命的、被新的理論修正的。簡而言之，牛頓的力學也如同一切的科學理論一樣，具有假設的性質，隨時接受驗證檢驗，與接受否證的可能。

古典物理如此數學與邏輯推演精確與嚴密結構給予哲學家「凡合理的就是真實的，真實的就是合理性的。」如此理性論的迷思。

無論如何，古典物理終究也是實驗的科學，建基於經驗事實而不是「先驗的綜合判斷」。

理性論者從古典物理所得來的「先驗理性」、「理性」、「理由」等，導致他們的迷思，造成一種盲點，以為人憑先驗理性可窮究，穿透事物本質真相，可以貫徹宇宙，萬事萬物之道理，因此可以提一切「為什麼？」的問題，並給予合理性的解答，因為，「凡真實的就是合理的，凡合理的就是真實的。」一切真相可以從自身理性內省思考知之。

　　理性論者說「凡真實的必合乎理性，凡合理性的必合真實。」根據初淺的科學常識：合乎亞里斯多德理性的，不合乎牛頓的理性，合牛頓理性的，不合乎愛因斯坦的理性，看來科學的理論固然是人心智所建構，卻是用以符合真實的，對於經驗事實的描繪，是從經驗中建構的，不是生而知之，先驗的，我們用以理解事物的「理性」，其實是我們心智建構在先的知識網絡，用以詮釋理解外在資訊，是從經驗中建構的知識網絡架構，不是先驗的，生而知之的理論、理性、天理。

　　導致理性論者對於「理性」、「理」迷思的還有數學這一門學科給予他們的印象，數學，尤其是公設法數學，給予人一種嚴格、嚴密、精確、冷靜、客觀、機械必然的推論演繹特性，它巧妙優美的定理形式，正確真實而必然，可以完完全全追根究底，追問其為何，而其解答可以完完全全精確嚴格，「邏輯」地、「理性」地從各公設定理推導出來，得到完全的為何的解答（看一學生解一題複雜的數學題便知）。

　　數學定理可以邏輯推論追根究底到「不證自明」的公理，公理可以邏輯必然地推論出定理，絕對而必然，真確無誤，如此的粗淺印象潛入經驗知識中所造成的，先驗理性必然、徹底、絕對的「為何」的解釋的迷思，這問題必須加以說明釐清。

　　邏輯分析演繹的必然性被偷潛到經驗知識內容加以混淆，也是促成理性論迷思的一大因素。

　　邏輯演繹在於從各給定的前提中分析展示前提所蘊涵的

意義內容，而前提的獲取或由經驗中建立，或由人爲給定，均與邏輯推論演繹過程無關。

「純粹的邏輯思維不能給我們有關經驗世界的知識，一切關於經驗世界的知識都是從經驗開始又終於經驗。」

邏輯是語言的分析，它可以用以展示經驗事實的蘊涵，卻無法生出經驗事實，人們把數學與邏輯公設推演架構中的必然性混入經驗事實之中，產生經驗與邏輯的混淆。其實數學與邏輯的必然性乃源自於分析的與約定的（有如棋藝規則與對奕的藝術），不是什麼人類理性的必然性，至於形而上學家所論述的所秉持的先驗綜合的理性則屬另類的盲點。

1. 古典物理給「一般人」的印象，一方面它合乎經驗，可實驗驗證，另一方面它合乎「理性」、「邏輯」，可以推論、推理、邏輯地演繹出一整套精確又眞實，絕對的眞理，應用於天文地理、科學與工程，給人以一種印象：「合理性的就是眞實的，眞實的就是合理性的。」（這句話推演到極致則人可以不出門思想推論出宇宙萬事萬物的眞理。）

2. 數學，公設法數學的嚴密推論演繹分析的必然性過程與結果往往給予一般人理性論的迷思，導致理性論式先驗必然絕對的「爲什麼？」的虛擬問題出現。

畢氏定理說直角三角形斜邊長度平方等於兩股長度平方的和。

學生可以作圖，作任一直角三角形，量斜邊長，再量另兩邊的長，加以計算，可以得到畢氏定理所述的關係。簡而言之，學生可以用度量的方法證明畢氏定理是合於眞實。

中學老師考學生這個證明題，學生證明幾何題答題可以用畫得不準確的直線、正三角形、圓代表直線、正三角形、圓等等來輔助思考，但老師評分，他看的不是圖形的正確與否，而是學生推論過程是否合乎邏輯，證明過程是否完全由公設與定理邏輯地推演出結論。

簡而言之，畢氏定理一方面可以實際度量證明它是真實，另一方面又可以邏輯地從「不證自明」的「公理」中推演加以證明。

看起來既真實又合乎理性。

「兩點之間最短的距離是直線。」任何人很難或無法想像與此相違背的可能，它越看越像先天理性不證自明的公理，它不像是分析的，越看越像先驗的綜合判斷。

另舉一例，歐氏幾何平行公設說過直線外一點只能作一直線與此直線平行，任何人很難或無法想像與此相違背的可能，它一樣越看越像先天理性不證自明的公理，它不像是分析的命題，越看越像先驗的綜合判斷。

一般人常以為兩點之間最短的距離是直線為一不證自明的公理，進而以為它不但合乎理性而且合乎事實，也就是合乎經驗驗證。

讓我們假想，一個人拿量桿量兩點之間的距離，量桿放下起來的次數就是它的長度，接著量兩點之間非直線（例如圓弧線）的距離，其下去上來的次數就是它的距離，我們可以不必經驗的支持，先驗地就斷定如此兩次測量的結果先天就知道必然是直線的距離也就是度量次數一定最短，也就是次數少於其他非直線間距離的長度？（次數的多寡為其長度）

　　在我們經驗知識架構中確實兩點間距離最短，然而我們能夠先天理性加以必然確定？當我們有一天在某個特別的世界中度量出兩點間量桿度量次數多於非直線距離，如此的可能性必然地、先驗地、邏輯地不可能嗎？

　　簡而言之，兩點之間最短的距離即使是符合客觀的綜合判斷，它也不是先驗的綜合，綜合的判斷不是涉及經驗就是涉及約定與定義的建構。

　　關於歐氏平行線公設，同樣地一般人總認為它合乎測量驗證，又合乎理性，合乎先天理性，合乎不證自明的理性，同此就是一種先天不證自明的公理，是真正的先驗的綜合判斷，完全合乎「真實的就是合理性的，合理性的就是真實的」。

　　非歐里曼幾何約定建構異於歐氏幾何的平行公設，依據里曼幾何，過一直線外一點無法作出任何直線和此直線平行，如此的公設違背一般人的常識與「理性」，但里曼幾何和歐氏幾何一樣可以依公設法推演，各自推演出一套一致不矛盾的幾何定理系統，沒有阻礙，尤其類似於非歐里曼幾何如此違背一般人常識與「理性」的幾何被用在愛因斯坦的廣義相對論裡面用以描繪客觀物理世界，簡而言之如此違背常識與理性的幾何是可以用以一貫描繪客觀物理世界的，也可以順利公設法演繹推演，和歐氏幾何一樣。

　　簡而言之，上述簡單說明指出歐氏平行公設不是什麼先驗綜合判斷。

　　再舉一個例子。

　　橢圓平形弦中點的連線為一直線，此直線過橢圓的中

心，這一題稍迂迴，一樣可以作圖實際度量證明，另一方面它可以完全由代數公式的推演中加以證明（既合眞實，又合理性）。

一切看起來，「合理性的就是眞實，眞實的就是合理性。」先驗的綜合判斷，先驗的理性可以先驗地參透宇宙萬物各種原理。

這是一種迷思，如此的迷思導致於理性論對「爲什麼？」解釋此一問題的盲點的存在。

科學上的各種理論假設模型全都源自經驗中學習建構而成，不是什麼先驗的「理」，而是符映自然事實運作的模型式描繪。

當使用數學描繪物理時，數學的公設是符應經驗事實，此時的數學屬物理式數學，屬於物理學的內容，而物理是經驗的科學，不是什麼先驗的理性，不是什麼先驗的綜合。

至於純數學，也就是數學式的數學，則其公設是由人的主動約定建構而成的，就如下棋的棋奕規則是由人們所訂定的一樣，它也不是什麼先驗綜合的理性。無論數學式數學或物理式數學都沒有先驗綜合的成分。

平常生活、生存的問題、法律、社會、人文、科學、工藝各種領域各種學科的論述，推理都要用到邏輯，法律論述、地理、歷史、經驗、生物、心理、物理、電學、光學所有的論述都要用到邏輯的推演，正如都需要用到語言的描述一樣。

但邏輯不是地理，不是法律，不是物理，不是生物，不是數學，簡而言之邏輯不是任何實質經驗事象，任何描繪內

容中的成分。

邏輯是語言的分析，推論過程中，邏輯的功能在於展示前提所蘊涵的意義，邏輯不提供經驗內容，不涉入推論的實質內容之中，它只展示蘊涵的形式關係。

電視螢幕上色光分布可以傳訊各種節目內容，電視機構造，以及有關電磁波、電學、機器設備等物理事象，包括光學在內，都可以加以物理知識，加以理解。簡而言之，都在物理力學式模型操作運作理解範圍之內，但人的五官頭腦無法如此類比於電視機的運作。因為人的感覺、知覺建構，乃至於一些基本的生命現象，均無法納入力學模型中加以操作蘊涵詮釋。痛與癢、紅色的感覺、一物體的知覺建構、一些生命的基本性徵，都無法納入力學模型中加以運作詮釋，只有求其因果伴隨之描繪（氨基酸分子，各種分子結構對於生命的解釋是生命與物理因果伴隨式的，不是力學操作模型的）。

上面極為簡略的提起指出生命、心智和物理事象各不同自然面相之間終極而言限於因果伴隨的觀察描繪，難以想像能建構一包含生命、心智、物理等元素在內的模型又能加以力學操作運作的模型形式加以描繪。

因此，從生命、心智和物理這三種不同自然面相可以看出，物理模型並非是唯一終極圖象，生命的基本性徵心智的基本性徵，各自成一關連網絡，無法被其他知識網絡收納解消，只能以因果伴隨的方式在物理、生命與心智事象之間建構關連橋樑，無法完全納入一整體物理模型力學操作模式中加以操控認識。

　　生命與心智方面的認識和上述物理模型所遭遇的狀況一樣，最終難免於，「事實如此，自然就是如此運作。」的此一前提，三者各自，以及三者相互關連，全都無法免於休謨所提的限制，那是知識的本質，我們必須撇開理性論盲點下的「爲什麼？」的迷思，理解知識的本質。純粹的邏輯思惟不能給予我們有關經驗世界的知識，一切關於經驗世界的知識都是從經驗開始又終於經驗。

　　人建構抽象的普遍的邏輯的、數學的、語言的概念架構，用以反映各種具體具象事物事象間普遍抽象的或相互蘊涵的關係，另一方面又藉著結繩、石頭數羊、算盤珠子、符號設計、嚴格形構等等具體具象事物的運用與設計來反映上述抽象概念的設計與運作。

　　邏輯不涉入實質內容，導致物理結論是物理前提的內容，導致生物知識結論的是生物知識的前提，導致法律知識的是法律知識的前提的內容，上述各領域的推論中都在運用邏輯，但邏輯不是物理，不是生物，不是法律，它不涉入各科實質內容，但卻用到它推演，邏輯在於展示各前提所蘊涵的意義，前提之所以蘊涵各有關事象的關係在於其普遍性質、普遍規律的緣故。

　　網球比賽選手必須熟練兩類規則，一是經驗的知覺的物理的規則，那不是自己主觀所能指定，另一類必須遵守的是約定的比賽規則。

　　棋賽亦然，棋盤、棋子等等的物理規則，知覺經驗的、物理的規則，例如棋盤、棋子各種知覺恆常性等，那是經驗中建立而成，無法由人自主指定，另一類規則是人所約定的

棋藝規則，例如各棋子在劃定棋盤上的運作規則。

用到具體事物如語言符號、算盤珠子、結繩、電流通與斷、半導體各種電流設計以幫助抽象邏輯推論思考時，我們必須遵守的是那些設計符號，各種使用物品、電腦設計等等的知覺的物理的性質與規律。那是經驗中建立，合於經驗的敘述，另一方面要遵守的是我們對於這些符號、物理事物設計的約定的規則之遵守（事實上它們是被設計為，它的公設是符合反映客觀事實的，但公設設定之後即切斷外來經驗事象的涉入）。

事物的存在與變化所呈現的種種規律性，包括因果性、齊一性、特殊與普遍性等等使得語言成為可能，推論成為可能。邏輯乃是語言的分析，邏輯在於反映世界的規律性，展示蘊涵的關係。

人使用語言，方便推論思考，用語言反映抽象的規律性可以方便運思推論，這抽象的規律性，如普遍的類的概念、因果關係、齊一性等等都是呈現於具象的事物的相互關係之中，本身沒有另具具體形象。用具象的語言符號來表徵它們將之具象化可以方便思考推論運作。

所有演繹推論過程可以被打破成為一組一組的三段論法。

從實際的蘊涵關係（如蘇格拉底會死的那個論證實例。）進而針對蘊涵關係的形式（例如進而「所有的 A 是 B」、「所有的 B 是 C」，所以「所有的 A 是 B。」）。變成研究蘊涵推論的形式不涉其實質內容。

蘊涵關係本係呈現在事象實際蘊涵實例中，是抽象關

係，但經由語文，圖解各式各樣的符號設計乃至於電路設計可以將這抽象的蘊涵關係具象化，方便思考運作，以推展蘊涵的形式關係（這些本是抽象的，存在於事物的相互蘊涵關係之中）。

　　邏輯是語言的分析，我們使用語文、圖解，或推論思考時所畫的圖形，那些圖形不在於反映經驗事實，而在於反映邏輯蘊涵關係，因此可以用畫得很不正的三角形代表正三角形，因為我們所要的不是一個符合實際的正三角形，而是在於呈現推論邏輯中的邏輯蘊涵關係。

　　推展抽象的邏輯蘊涵的關係，其極致是嚴格形構符號化，使用二維平面上具象符號設計來反映邏輯的抽象關係。

　　舉一個粗淺的例子。我們從二維平面一處的一個符號「χ」移項到另一處（寫下「χ」）。好像把一實體存在的「χ」符號從一處搬移到另一處，有如平常移動一塊石頭一樣，從此處將石頭移到另一處，還是完全同一塊石頭，但當我們把「χ」符號移到平面紙上另一處，我們並沒有把「χ」符號剪下來移過去，而是在另一處寫下另一個「χ」符號，事實上另外寫下來的「χ」，大小形狀不可能和原先那符號完全一樣。（某些主要特徵是一樣。）之所以被視為同一「χ」符號移轉過來，是我們自己定義的、約定的（當然有所辨識的依據，就是兩「χ」符號無論怎麼變都有它們共同的不變特徵，那就是我們據以認定它們是同一符號的依據標準）。

　　同一平面上許多地方出現的「χ」符號，被我們約定為同一個數的符號，也是如此定義或約定的。

　　「χ」加「$-$」號移到等號另一邊成「$-\chi$」是由等號兩邊

各加「$-\chi$」此一數學運算形變結果。

　　數學公設法的建立，從公設到定理的推演唯有邏輯過程的推演，展示公設蘊涵的意義，使得結論全由前提公設與定理所蘊涵，前面已說過從數學公設或定理到定理的變化，其變化是由數學公設定理本身的運算形變規則而來，不是邏輯的過程所導致，邏輯只在於展示其前提蘊涵關係。

　　邏輯的推演有嚴格形構的一個部分。

　　在日常語言架構中進行邏輯符號運作架構設計，**儘管它最終的目的不免在於給予語意解釋之後**，反映的是語句演算，類的關係等等邏輯的內容，但在嚴格形構的過程中，人所處理運作的完全只是符號以及符號運作的架構設計，界定約定符號的設計種類、運作規則、公式的組成，設定符號構成的公設組，形變規則等等，這其中每一符號有如棋盤上的棋子，它除了設計約定、定義的性質、運作規則之外不具任何其他性質。**棋盤棋子的物理性質，知覺恆常性是另一在先的規則與性質必須與約定的棋子運作規則區別，同樣的，符號在二維紙面上的物理恆常性，以及符號設計人與運作人對於所謂同一符號的認定——不同位置，不同大小形狀亦未必全同的符號心智如何加以認定為同一符號都有建構在先的準繩。**

　　從公設組的各符號到定理符號的推演是由形變規則來運作。

　　如此徹底抽離、排除一切可能干擾因素的純「理性」，抽象的純符號架構設計見諸於嚴格形構的符號邏輯公設的架構建構之中。

　　下棋老手腦子裡記了很多棋譜，棋盤上棋子排列的圖案的變化是他判斷棋步的定理，他此時已不大去注意棋藝的始初規則，然而儘管所注意的是棋盤棋子分布的圖樣，有如將它看作圖案之間的定理規則在運作，但事實上這些圖案反映的仍然是棋藝的基本規則之進行，它只是間接地加以反映與運作。

　　三角學裡面從正弦、餘弦等等的定義開始無不根源於實際幾何圖形的度量，之後三角學定理的推演計算可以純由三角符號上面運作，（時而對照幾何圖形）然而事實上三角學各定理符號最終也是在於反映空間中幾何圖形的事實，同類的話適用於解析幾何。

　　數學的發展往往最後遠離始初的直接的定義，公設而運作極為迂迴、複雜的間接的符號與抽象的概念設計，從代數、幾何、解析幾何到微積分，很多迂迴、間接的複雜的符號運作的定理的推演，令人目眩神迷，然而它們仍然不離對於起始定義、公設所蘊涵的反映，而那些定義與公設經常總是有意被設計成對於某些客觀世界面相的對應反映。

　　如同上述數學發展設計往往最後用以反映客觀物理世界諸事象的應用（前面談到過數學式數學和物理式數學），嚴格形構的邏輯符號架構設計，無論其如何抽象，排除一切經驗事象因素的滲入，無論如何的「理性」，如何的純淨，最終難免於此一事實：給予語意解釋設計來用以反映應用的邏輯，用以反應語句演算，類的邏輯等等，符號的邏輯架構用以反映平常語言敘述的邏輯架構，而平常語言敘述的邏輯架構用以反映事象間的邏輯關連，也就是普遍事實對於其他事

實的蘊涵包涵，簡而言之，如此抽象嚴格形構的設計最終也不免於在於經驗世界的運作使用，邏輯在於反映世界的規律性。

我們且以第三者的立場來看一個下棋的人，他的頭腦設計棋賽規則，他的手操作棋子，他可自由設計棋藝規則，但必須要在棋盤、棋子的物理性質的前提下，整個棋賽的進行是下棋人的身心、棋盤、棋子的物理規律，有了這些規律，才能設計棋賽規則，之後我們觀察到下棋老手在記憶棋盤圖案作為定理，但這些動作最終也是在於處理棋賽規則下的所謂勝負的問題，當他在記憶棋譜快速從棋盤圖案判斷下一步棋時，他這種間接性、符號性，有如一個野人利用石頭數羊。

人從自然數設計到整數、虛數、複數等等，除了自然數數字似乎明白指涉，好像真實存在的自然數所成的集合（自然數是否「存在」的問題容另外討論），其餘的各種數可以明顯看出人為設計運作的事實，然而即使人們在運作混有極為迂迴的複數在內的數學定理推演，最終可以應用到真實世界的操作應用。

上面談到嚴格形構邏輯符號公設系統架構設計中，符號除了人為定義約定設計賦予的操作規律之外不具任何其他的經驗的意義，人們可以基於方便或加以語意解釋而稱之為「如果……，則……」、「或」、「與」等等，但在整個形構公設架構中這些不是必要的，符號以及符號串的結構僅只限於公設系統內的約定與蘊涵的內容，這些全都是符號及其推衍的符號架構與運作規則。

我們經驗到的世界顯然呈現有規律性，即因果性與齊一性，因此可以由邏輯加以反映。這些具有齊一與因果規律性的現象由我們約定建構的語言加以反映，因此我們的語言也反映了其中邏輯關係。

數學定理推演，或題目的證明，數學的論述裡面包含數學的內容以及邏輯的蘊涵關係的展示。

數學公設架構是由人所約定建構，如同棋藝規則的全盤設計一樣，是綜合的敘述但不是先驗的，也就是說不是先驗綜合的。

這數學公設如不涉經驗事實，只限公設架構內人為約定設計與定義，及推演只限邏輯蘊涵，不涉任何經驗事實，則這數學公設系統屬數學式的數學。

如數學公設系統涉及經驗事實，用以反映外在物理世界，這數學公設系統屬物理式的數學，例如，我們可以以公設法發展出一種歐氏幾何及多種非歐幾何，彼此從不同公設出發，各自推演成一致的系統，各自成立。但歐氏幾何被用來反映牛頓的力學架構，非歐里曼幾何則與愛因斯坦的廣義相對論所述相接近，當幾何用於反映物理時，它成為物理式的幾何。

純粹的數學，或數學式的數學，類似於下棋活動，純由人所約定設計公設架構，循邏輯蘊涵關係推演出定理系統。

任何人都可以隨意問「為什麼？」、「為什麼是粒子構成的？」

這類問題不是無意義的聲音，而是可以回答的，**「為什麼是粒子構成？」**，如果有人能找到一理論，該理論蘊涵展

示世界構成粒子狀的過程則答案揭曉，可是看來目前沒有這理論被發現，事實上也少有人問這問題，我們只是以純然自然的經驗事實呈現加以接受。

現在且讓我想像太空中一永遠靜止不動懸掛在那裡的一個星球，由於地球上那自由落體的習慣，有人會為那星球永遠靜止不掉下去感到奇怪，於是問「為什麼？」的思想習慣，思想框架又來了，沒有什麼為什麼的問題，大自然呈現的事實就是如此，沒有什麼好多說的，太空中一物體不受外力（合力為零）則靜者恆靜，動者依等速前進（永遠等速前進下去）。事實就是如此，牛頓明白加以定律的描繪。當你說到太空中一星球為何不往下掉，而問「為什麼？」，太空並無上下左右前後之分（宇宙甚至可能沒有中心與界限），那上下左右前後是人的思想習性框架，加諸於客觀世界。物體非要往下掉才合理性，那只是地球人從經驗中養成的根深柢固的想法，乃至於被誤以為外在世界的天理。

至於無止無盡的問「為什麼？」，有類似的問題，前面說過，我們為自己表象出來的是一個網絡籠罩的世界圖象，每一圖象彼此之間均有相互蘊涵的關係，事象之間有可以指出的蘊涵關係（就是所謂的解釋、理解、操作、運用）。使得這世界各事物可被「理解」（即蘊涵）被操作運用，被演繹歸納，然而這所謂的解釋，完全是自然本身的事實對其他事實的蘊涵關係的一種模型網絡式的構造，我們所謂的解釋只是加以呈現，指出這原本存在的事實蘊涵關係（即事實與事實之間關連展示）。

簡而言之，**我們所面對的永遠是活生生的事實的呈現，**

包括自然本身自我事實蘊涵解釋的模型網絡結構的呈現。

因此當面臨層層事實解釋到了最始基、最基本、最廣泛涵蓋性的事實的呈現與它對其它事象的解釋時，我們再問這最高層，最 initial 的架構「為什麼？」時，答案應該是，事實就是如此，如此追問的模式，如同上述太空上下左右的問題一樣，是源自「自己主觀思想習性的框架使然。」只要將這框架去除，接受經驗事實，問題即迎刃而解。

愛因斯坦狹義相對論兩基本架構之一就是光速的萬有性。

光速和光源或觀察者的運動都無關係的想法很難被一般人或秉持古典力學知識架構的人所接受（人是以他秉持的建構在心中的知識架構來看事物、理解事物、詮釋事物，有如戴著固定顏色的眼鏡看事物，光速萬有性背離古典物理架構之外，所以秉持古典物理知識架構的人無法理解）。

光速萬有性的此一事實也無法被任何理論所解釋，光的波動模型和粒子模型均無法加以解釋，然而所有的實驗都證實了它的正確性。愛因斯坦將它列為基本假設直接加以接受，沒有給予任何「為何如此？」的解釋，人們事實上亦無需煩著想像某種物理過程試圖了解狹義相對論兩基本假設中的這第二個假設。

狹義相對論兩始基的假設

1. 相對性原理：在所有的慣性參考系中，所有的物理定律都具有相同形式。

2. 光速不變性原理（光速萬有性）對所有慣性參考系而言，真實中的光速都相同，而與光源或觀察者的運動無關。

　　愛因斯坦只是宣稱；事情就是如此，而沒有提供任何解釋。

　　其實牛頓探討萬有引力的方式，或者他展示他的運動定律時也是如此，例如：物體不受外力則靜者恆靜，動者依等速前進，不也是事情就是如此，而沒有提供任何解釋？

　　地圓學說起先作為一學說與假設，用以解釋許多事實，如今人類可以從太空上方直接下望，看到球狀的事實，幾乎就如知覺一物體的存在一樣，地球球狀的事實可以用以進一步解釋，麥哲倫環繞地球，哥倫布航海等等事實。

　　上面這個例子可以用以例釋說明日常所見各種各樣事實的「為何？」的解釋其實就是「如何」事實的展示。

　　可是一般人的問題是，萬事萬物都有其「為何？」的解釋，都可以加以科學「理論」的解釋，都有它發生的「理由」，都可以被我們的「理性」所理解，都應該合乎「邏輯」等等……甚至有人還會用到「先驗的」、「先天生而知之的」等等說法。

　　抽水機、馬德里半球、托里切利水銀柱等等事象可以用大氣壓力的理論模型假設（或稱之為空氣海）加以解釋。

　　這大氣壓力作為一學說、一假設、一模型，全都是自然如是其實運作的事實，是從經驗中、實驗中建立的，符合自然真實運作過程的真實。

　　抽水機此一事實因納入大氣壓力模型中、理論中、事實中，加以關連，從整體事實（解釋者和被解釋者以及兩者，模型式，脈絡式關連中的整體事實展示）的展示中得到解釋，這情形如同地圓事實對於船從海平線下沉消失的「為

何？」的解釋是同一模式，同樣都是如何如何的展示（納入同一模型之中）。

平面鏡成像可以由光的反射定律，此一「定律」，此一「事實運作過程」加以解釋。光的反射定律、折射定律、折射率的求得，可以由一看似鬆散與抽象的費馬最短光程「原理」，此一事實所解釋，量子電動力「學」此一事實運作過程，此一理論，此一思考模型（建基於機率性質，沒有什麼可說的理由，放空接受其爲自然如此如此運作的事實。）可以用以解釋光的反射定律、折射定律，可以解釋光的波動說所無法完全解釋的一些干涉現象，上面一層層的「爲什麼？」的解釋無非都是許多事實的彼此關連，展示爲更廣泛包涵的整體事實與事實間的脈絡的模型的關連的一種如何的事實運作的展示。

一般人易於驚嘆於生命以及精神現象所顯現的奧妙奇蹟。

藉助於科學的發展，人類擴展觀察的領域，建構更廣大的知識網絡，例如分子生物學，雙螺旋鍵可以解釋遺傳現象，細菌、病毒可以解釋發炎生病的現象，抗生素、細胞組織等等可以解釋並應用於治療等等。

上述所謂的解釋無非是將一被解釋的事物納入、套入一個更廣泛包含的知識架構加以關連，成爲其部分關係分子而從其脈絡關係得到詮釋。簡而言之，解釋一事實的乃是另一更廣泛包含的事實。解釋一事實必須依據另一更廣泛包含的事實之知識建構。所謂的解釋無非是事實的展示。

我們所面對的是一個呈現其如何的世界的表象，而且是

呈現爲一個事實與事實之間層層秩序關連，密切規律互動，因而可被理解的表象。

我們對每一事實間爲何，都是將事實崁入整體事實關連網中，作爲其關係分子，從整體事實關連的脈絡中加以理解與詮釋，簡而言之，一切「爲何」的問題，都是「如何」的問題，其解答也是如何的解答。

當我們面對最終無法再被納入其他各普遍的事實脈絡中的事實時，我們不必驚訝，因爲事實就是如此，沒有什麼好問爲什麼的了。

之前可以被其他事實解釋的其他事實，其實也不是給予任何爲何的解釋，它們全都在整個如是事實，如此且如何的事實大網絡中，彼此關連的相互比對關連的呈現而已。

談到宇宙創生大爆炸，有人問起「爲什麼大爆炸，無中生有？」。

一般人很難接受，很難習慣，無中生有的這種事情，然而如果眞的發生無中生有的事實，則直接加以接受又有何不可，一切以經驗事實爲準，不是嗎？如今物理學似乎也提出了許多無中生有的物理事實。

關於大爆炸，無中生有的部分，倒是見過霍金所提出的一種解釋，簡單說起來，他是用質量與能量守恆的定律來解釋，當宇宙創生爆炸產生了許多的能量與質量的同時也產生了對應的負能量，他作了一個類比加以說明，從平地上挖一個坑，挖出很多泥土（類比產生很多質能），同時地面凹下去的部分產生了負的能量與質量，挖出來的，如果填回去，剛好不多不少維持原來零的能量。

　　宇宙創生如此的事實，用來解釋它的難免於用到其他的經驗事實，霍金似乎在於指出創世大爆炸是在質能守恆的定律中進行。

　　上面質能守恆的定律不是什麼先天理性，先驗的天理，也不是什麼形而上的太上原理。

　　不論上面如此的解釋通或不通，總歸霍金是用一經驗事實解釋另一經驗事實，從頭到尾全都在於經驗事實的展示。

　　無論是單純的經驗事實對於單純的經驗事實的解釋或是創造性的理論模型的建構，對於別的理論或事象的解釋。簡而言之，全都是經驗事實對經驗事實的解釋，因為模型建構也是經驗事實的描繪與反映。又，如上文所述，這所謂解釋的過程無非就是一被解釋的經驗事實納入，解消於另一解釋者的經驗事實的脈絡中，從頭到尾都在於經驗事實的展示。

　　前面簡略指出，所謂的為何的解釋其實都是如何經驗事實的展示，被解釋之事實和解釋之事實，以及兩者關連在一起，解釋者和解釋者蘊涵關連的整體事實的展示。

　　如此的經驗事實到經驗事實的關連的展示可以說就是「為何」的解釋，其實也就是如何的展示。

　　前面提到當我們面對最終無法再被納入其他更普遍的事實脈絡中的事實時，我們就放空接受事實就是如此，自然就是如此運作，沒有什麼好問為什麼的了。之前可以被其他事實解釋的其他事實，可以說得到「為什麼？」的解釋。也可以說，其實也不是給予任何「為何」的解釋，因為它們全都在整個如是其實事實如何的事實大網絡中，彼此關連的整體如何事實的呈現狀況而已。（魔術師公開他的手法，解

答觀眾爲什麼的疑惑，他只不過把整個事實呈現一下，之前之所以有「爲什麼？」的問題只因一部分事實被故意掩蓋而已。「爲何」的解釋在於如何的展示，魔術師解答了「爲什麼？」，他所做的只不過展示事實如何，之前的爲什麼只是有事實未被展示如此而已。）

簡而言之所謂萬事萬物的爲何的解釋，全都是事實對事實的包涵、關連，事實與事實之間關連的展示，同樣是如何事實的展示。

於是爲何的問題又歸入於如何的問題的展示。

如上所述，亞里斯多德的「理」、「理性」不同於牛頓的「理」或「理性」，牛頓的「理」或「理性」不同於愛因斯坦的「理」或「理性」。

亞里斯多德、牛頓、愛因斯坦各自以他們心中秉持的「理」或「理性」看事物，詮釋事物，理解事物，亞里斯多德秉持他自己的「理」或「理性」來看牛頓的「理」或「理性」描繪與詮釋的世界，是無法理解的。

秉持牛頓，古典物理思想典範的人是無法理解與接受亞里斯多德那一套的，但是如果經過一番徹底的改變重構思考架構，最後是可以接受亞里斯多德的系統想法的，一般說來持有不同的典範的人看到不同的世界，持不同典範的人彼此之間不可共量（incommensurable）。

此處可以看出上述各科學家並非各自擁有不同的先天、生而知之的理性，以致於各自發展出不同的不證自明的理論，事實上並不存在著先驗的綜合判斷，理論假設是從經驗中學習建構的符合經驗的假設架構，隨時開放接受否證的可

能。

　　科學史是理論演進史，一科學典範遭遇異常事象，有時因此引起科學革命，導致典範的變遷。

　　此處簡單提到科學上的理論具假設性質，隨時接受驗證上否證的可能，不是一種先驗永恆的形式。

　　科學理論是從經驗學習中建構，從經驗驗證中加以驗證，必經心智的創構與假設，必須經由經驗的驗證而確立，也就是說它是符合經驗。

　　簡而言之，理性論者心目中，先驗、必然、永恆、絕對的「理」、「理性」、「先驗的綜合判斷」、「先驗的理性」並不存在於各時代的科學之中。

　　科學理論模型假設本質上是假設的、演進的、經驗驗證的、開放否證的。不是理性論者從科學活動的表象上所得的永恆、必然、徹底、絕對、先驗。

　　簡化上面的說法，一般人所想的理、原理理論、眞理等，可以簡單視之爲，自然如此如此運作的事實模式。

　　「純粹的邏輯思惟不能給我們有關經驗世界的知識，一切關於經驗世界的知識都是從經驗開始，終於經驗。」

　　「凡相信先驗的綜合判斷是可能的就是屬於理性論者，反之，是爲經驗論者。」姑且就以卡那普所定義的此一明白說法代替上述一串含糊語詞，以便對準焦點。

　　數學定理是數學公設所蘊涵的，邏輯地蘊涵的，它的眞實性，它的「本質」可以追究到公設上面去。

　　中學老師說數學公理，或公設是人生而知之，是先驗的，是先天知之，合理性，合理的眞理。這是誤導，完全一

派理性論迷思迷信的口氣。

數學、包括幾何，可被大略分為兩種，一為物理式數學，一為數學式數學（純數學）。

物理式數學和數學式數學，全都是數學方法在推演，也就是從固定的公設組，限制在公設組作為推論前提，推演過程唯有邏輯，不再摻入其他經驗的或外加的前提。

然而物理式數學其公設卻是符合物理經驗事實，不是什麼先天理性的結果，至於數學式的數學則其公設是人所約定建立，也不含什麼先天理性（有如人約定棋藝規則）。

因此無論物理式數學或數學式數學都沒有理性論者所想的那種「先驗綜合判斷」之存在。

任何的哲學家、神學家、普通人，假如採取笛卡爾或其同類的企圖，單憑「理性」純由演繹想獲得外在客觀的事實，那是完全緣木求魚的想法。以笛卡爾為例，他無論如何演繹、推論，就是無法從唯我論與主觀唯心論的困局中走出，他無法從理性演繹中從腦殼內走出到腦殼外的世界。

無法經由邏輯的演繹歸納，從感覺的因果伴隨進入知覺物體的表象，無法從各個別事象的演繹，歸納而進入升高一層的理論模型建構與詮釋，唯有創作建構、假設、驗證的此一基本認識原型的運作，才能使人由主觀走入客觀，為自己表象經驗事實脫離主觀唯心論與唯我論的困境。

附錄1

空間內曲率的簡單類比說明

讓我們想像（如附圖）一個大的玻璃製半球。該半球逐漸沒入一個大的玻璃平面之中。它看起來像一個包含隆起圓丘的平面的曲面 G。在那上面爬行的人類可以經由幾何測量來決定它的形狀。他們將很快地知道，他們的表面在外面的部份是平面的，但是在中間卻有一個半球狀的圓丘隆起。他們將會因為注意到他們的測量和二維度歐幾里得幾何之間的差異而獲致這種知識。

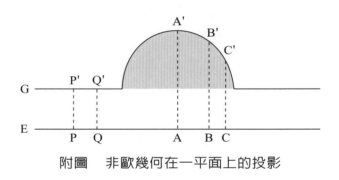

附圖　非歐幾何在一平面上的投影

一個不透明的平面 E 被放置在 G 面下面，並與它的平面部分平行。垂直的光線從上面射下，將玻璃上所有物體的影子投射在那平面上。G 上的人們所使用的每一量桿都投下影子在平面上。我們要說：這些影子在中央區域的地方遭受了變形。G 上的人們將量出 A'B' 和 B'C' 的距離相等。但是與它們相對應的 AB 影子的距離（長）和 BC 影子的距離將被稱之為不相等。

讓我們假設平面 E 上面也居住著人類。而且讓我們再加上一個奇怪的假設；在這平面上有一種神祕的力，它改變

了在上面移來移去的所有量桿的長度，致使這些量桿的長總是和 G 面上投影下來的對應的影子的長度相等。不只這些量桿，甚至所有的物體，就像所有的度量儀器和人自身的身體，也都一樣受到相同的影響。這些人因而無法知曉到這些變化。E 上的人們將會得到哪一類的度量結果？在平面的外面部分沒有任何的改變，因為 P'Q' 的距離將被投影成等長的 PQ 上面。但處於玻璃半球下面的中間區域將不會提供慣常的度量結果。很明顯的，在這區域裡面度量所得結果將與 G 上人們在中間區的發現一樣。假設這兩個世界任何事情都互相不知道，再假設，沒有任何的外在的觀察者能夠看著 E 面。如此一來 E 上的人們對於他們所住的面的形狀，將會做出怎麼樣的斷言？

他們所說的必定和 G 上的人們所說的一樣，即，他們是居住在一個中間地方有圓丘隆起的平面上。他們將不會注意到他們的量桿的變形。可是，為什麼他們不會注意到這種變形？

上面所說的神祕的力應該是指影響的物理因素而言，假如是量桿的長短隨所處位置不同而熱漲冷縮，則這熱膨漲是可被偵測出來的（例如使用溫度計，利用溫度計中水銀和玻璃的膨脹係數不同可製作溫度計刻度），其他一切可被偵測出來的力（即物理因素）稱之為「差異力」。另一種所謂的萬有力（Universal force），它是以同樣方式影響所有的物質，沒有任何的隔絕牆存在。

長話短說，E 平面上的人們度量出一個非歐幾何的空間，（如同 G 球面上的人們）雖然 E 平面不像 G 球面一樣

彎曲（具有外曲率），但它度量起來，經驗起來如同 G 球面上的人，我們稱 E 平面上的人住在具有內曲率的空間裡面，通俗的說法，住在彎曲的空間裡面。如同通俗科學節目主持人說的，把空間扭曲，E 平面的人經驗到 G 球面人的度量結果，E 平面上的人如果堅持，E 平面上是歐氏幾何的平面，則他必須引入萬有力加以輔助，也就是，實際度量所得非歐幾何 G，等於歐幾里得幾何 $G_0 + F$，萬有力 F 使得量桿依一定規則隨所處位置不同而伸縮（$G = G_0 + F$）。

（作者譯自 The Philosophy of Space & Time by Hans Reichenbach）

附錄2

簡單說明量子纏結

　　此處將要從國家地理頻道十多年前電視節目上公開播放的影片上面截取一段有關量子纏結（Quantum Entanglement）的介紹。國家地理頻道科學節目的內容，包括：「量子力學」、「極速太空」、「大小之別」、「時間扭曲」、「太空漫遊」、「哈伯望遠鏡 HD」，「哈伯望遠鏡」、「搜尋外星人」、「多重宇宙」、「太空之旅」等等，非常權威，非常精彩。僅只從中間取出這一小片斷。有關量子纏結的這一小片段，目的不在於通俗科學的介紹，而是在於為各位指出來宇宙不可思議的神奇，量子纏結現象如果經常發生在我們的身旁，或者從小就耳濡目染，那麼這種神奇奧妙的感覺一樣會變得習慣而麻木，變成和我們對身旁每一細瑣事物那種習慣習以為常不感覺到驚喜的情況一樣，其實身旁每一細瑣的事物本來都明白呈現和纏結現象一樣的奧妙神奇，只是因為我們從小一出生就接觸身旁的每一細瑣事物，長久下去習以為常，麻痺了神奇奧妙的感覺。這裡主要的在於藉著通俗科學的介紹讓各位了解這個世界的神奇奧祕其實比任何神話的想像都要神奇，同時指出來我們身旁每一細瑣的事物原本和這些科學新知所介紹的世界同屬自然的現象，本質上是一樣的神奇奧妙，有這種體認將會導正你對世界的看法。

　　「談到量子力學，只要曾經一窺其堂奧，你對世界的看法就會完全改觀。」

　　「依照波爾的說法，測量會改變一切情況，他相信在你尚未測量或觀察粒子之前，它們的特性都是不確定的。」

　　「不妨考慮電子的某項特色，稱為自旋，和陀螺不一

樣，電子的自旋和它其餘的量子特性一樣，在你測量它的那一刻之前一般都是模糊而不確定的。」

「根據波爾的量子力學方法，在你測量一顆粒子的時候，測量這個行為本身就會迫使粒子放棄其他原本可能存在的地方，選擇一個明確的位置，也就是你發現它的所在，正是測量行為本身迫使粒子做出這個選擇。波爾接受現實世界的本質，天生就是模糊不清的。」電子一旦觀察它就會發現它若非以順時針方向轉動，就是以逆時針方向自旋。波爾與同僚深信不疑的量子力學，兩個互相纏結的粒子，如果你測量這裡的粒子，你影響到的不只是它，這個測量動作也會影響到它的纏結夥伴，不管二粒子距離多遠都一樣。」愛因斯坦稱這個為「超距幽靈作用」。

「令人驚訝之處在於你測量其中一個粒子時也會影響另一個粒子的狀態，你改變了他的狀態。」

「二者間既沒有力量交會，也沒有滑輪或者甚至電話線，根本沒有可以彼此連接的東西，為什麼我在這裡做出的選擇可以對那邊的東西造成影響？」

「兩者之間沒有任何能夠聯絡的方法，所以這是非常詭異的現象，這正是愛因斯坦在一九三五年了解的情況，（愛因斯坦一九五五年去世之前仍然堅持量子力學充其量只能對現實世界提供不完整的描述。）……沒有多久，法國物理學家阿蘭阿斯佩發展出更精巧的實驗直指愛因斯坦與波爾辯論的核心，在阿斯佩的實驗中，唯一能夠測量出一個粒子透過訊號傳送直接影響另一個粒子的可能就是這個訊號比光速還快！但這是愛因斯坦自己都認為不可能的事情，所以唯一剩

下的解釋就是那種幽靈作用。因此阿斯佩的實驗推翻所有疑慮，這些實驗結果令人震驚不已，證明了量子力學的數學式是對的，纏結現象真的存在：量子粒子可以跨越空間彼此聯繫！測量其中一員，事實上會立即影響它遠方的夥伴，猶如期間的空間全然不存在一樣。愛因斯坦認為不可能的事，也就是遠距幽靈作用結果真的會發生。」

「這是量子力學裡面最詭異的一件事情，甚至連理解這回事都是不可能的，千萬別問我為什麼？也別問我它是如何運作的？因為這是個無解的問題，我們只能說，顯然世界就是這樣子運作的！」（引號裡面所講的話都是當代世界聞名頂尖大學者現身節目當場所說。）

再對纏結現象進行討論。

量子力學最詭異、最不合理、最瘋狂、最荒謬的預測方式就是纏結現象。纏結現象是預測的理論，源自量子力學的方程式。兩顆粒子接近時可以彼此纏結，之後它們的特性會產生連帶關係，最特別的是，根據量子力學，即使你把這些粒子分開，移到相反方向的位置，它們仍然算是纏結在一起，密不可分。

何謂自旋？

電子的自旋和其餘的量子特性一樣，在你測量它的那一刻之前，一般都是模糊而不確定的，但只要你一觀察它，就會發現它若非以順時針方向轉動，就是以逆時針方向自旋。

一輪盤停止時隨機指向紅色或藍色，現在讓我們想像有第二個輪盤，如果這兩輪盤的表現就像兩個纏結的電子，那麼每次只要這個輪盤停在紅色上，另一個就一定停在藍色

上，反之亦然，既然這兩個輪盤並沒有相連，這種現象著實相當奇怪，即使其中一具輪盤相距極遠亦然，中間無任何電線或其他傳導物質連接二者。

只要你看到這一具輪盤指著紅色，另一具保證一定值得藍色。換句話說，如果你測量這裡的粒子，你影響到的不光是它，這測量動作也會影響到它的纏結夥伴，不管二者距離多遠都一樣。波爾他認為粒子就像旋轉的輪盤，他們的隨機的結果可以瞬間連動，即使跨越相當大的距離也沒有問題（愛因斯坦對這一件事情有他的解釋，但是愛因斯坦顯然是錯的，所以這裡我把愛因斯坦的想法省略掉）。

所以，如果我們接受這個世界真的依照這種詭異的方式運作，我們有辦法利用這種纏結粒子的遠距幽靈作用來做一些有用的事嗎？人類一直有一個夢想，想要以某種方式直接將人或東西從一處送到另外一個地方去，不用經過中間的空間，換句話說就是「瞬間移動」。影集「星際爭霸戰」或瞬間移動看起來很方便，這似乎只是科幻故事，然而纏結現象能讓這回事成真嗎？值得注意的是這一類實驗已經在進行中！地點就在非洲外海的加那利群島。「我們在加那利群島這裡進行實驗。因為此地有兩座天文台而且這裡的環境很棒。」安東札林格的實驗成果距離能夠瞬間移動他自己或任何人還有一段很長的路要走，但是他已經試著運用量子纏結現象來瞬間移動微小的個別粒子，在這個案例裡面用的是光子，也就是光的粒子。進行情況如下：一開始他先在拉帕馬島的實驗室中產生一對纏結光子，其中一個纏結光子留在拉帕馬島上，另一個則用雷射引導的望遠鏡傳送到 144 公里遠

的特內利非島，接下來札林格會引進第三個光子，也就是他想要瞬間移動的光子，讓它與留在拉帕馬的纏結光子作用，小組人員會研究二者之間的交互作用，比對兩個粒子的量子態。以下就是最驚人的部分：基於量子的幽靈作用，研究小組可以運用比較的方式讓遠方島上的纏結光子變成與第三顆光子完全相同的複製版本，這就有如地上可光子瞬間越洋移動，完全不必跨越兩座島之間的距離。我們可以算是提取出原本粒子所夾帶的資訊，在那邊生成一個新的原有粒子。札林格已經運用這種技術在別的地點成功瞬間移動千顆粒子。

然而這技術有可能更進一步嗎？

既然我們是粒子構成的，這種過程能讓人類瞬間移動成真嗎？

將來很久很久以後有一天我們可以從巴黎一個地方一小間走進去，然後啟動設備，最後我們從台北的另外一小間走了出來。或者當我們乘坐太空船航行百光年遠處的遙遠太空，想要瞬間回到地球，我們從太空船裡面一小房間走進去，啟動裝置設備，然後從地球上某一個地方另外一個小房間走出來，這中間不需經過任何的空間、水陸、陸路的交通直接瞬間回到地球！

理論上纏結現象有朝一日可能會做到這一點，到時候我們需要的就是，位於紐約這裡的一間粒子室以及另一個與其有纏結關係位於巴黎的粒子室，從這邊踏進一座艙室，它的作用有一點像是掃描裝置，或是傳真機，這個裝置會掃描我全身所含的龐大數量的粒子，這些粒子的總數遠超過可觀測宇宙中所含的星數目，另一座艙室的粒子也同時接受掃描，

隨即產生一份清單，比對兩組粒子的量子態，接著纏結現象加入作用，基於遠距幽靈作用的結果，那份清單也會顯示我的身體粒子的原始狀態，你巴黎那些粒子狀態的符合度，接下來操作者將這份清單傳到巴黎，他們會運用這些資訊在那裡重建與我的每一個粒子完全相同的量子態，一個新的我就開始成形了。這些粒子並未從紐約傳到巴黎，而是纏結現象在紐約提取我的量子態，再到巴黎重組起來。從頭到腳，一顆都沒少！這種方式我就來到了巴黎，現在的我正是自己全然的翻版！而且最好是如此，因為在紐約那裡測量我的所有粒子量子態的過程已經摧毀了原來的那個我，在量子瞬間移動協定中絕對需要讓瞬間移動的物體在過程中遭到摧毀，這一點可能會讓你有些擔心，我猜你變成一團中子、質子加電子，看起來一定不會太好看！

現在我們距離人類瞬間移動成真還很遠。

量子力學主要創始人之一海森堡曾經說過：「像愛因斯坦這麼偉大的心靈在接受量子力學的時候都遇到這麼大的困難！」愛因斯坦一直到死都沒辦法接受量子纏結的理論，請先不要想要了解量子力學的內涵，他的數學並不容易，尤其他的基本理論架構，連愛因斯坦都沒辦法接受，之前我講過量子力學兩大主要創始人之一海森堡博士曾經說過：「像愛因斯坦這麼偉大的心靈，當他在接受量子力學的時候竟然遇到這麼大的困難！」愛因斯坦一九三五年就知道了量子纏結等等與量子力學有關的內容，他和波爾有過交手辯論的一段紀錄，一九五五年愛因斯坦去世，他一輩子沒有接受量子纏結的理論。

讓我們避過這些神祕深奧的理論直接用實際的例子來讓各位了解纏結的問題，請你特別留意我之所以把這個纏結的問題提出來講我的目的究竟在哪裡，請留意我最後的說明。

量子力學的方程式讓人們有能力預測原子或微粒子的群體行為，精確度準確的驚人，沒多久這種力量就催生了許多重大發明：雷射、電晶體、積體電路，甚至整個電子領域。儘管量子力學得到這麼多的勝利，卻仍然保持他深奧的神祕面貌，這件事情我剛剛已經說明很多。

現在回到量子纏結，你們去看看前面我所說明的內容，根據那些理論說明，理論上我們有一天可以在遙遠太空中的太空船裡面，想要瞬間回到地球，我們從太空船裡面的一個艙室進去，啟動整個設備，然後瞬間（不需要時間，不需要經過空間，水路、陸路、航空都不需要）從地球上另外一件艙室走出來，回到了地球。我們就用這種方式快速來了解纏結這件事情。

很久以前伯爵側錄國家地理頻道一系列科學影片，更久以前在寫作中我引述一些通俗科學的資料，這些資料比起國家地理頻道所看到的已經顯得落後很多。如今避免大量更動的前提之下又要顧及資料更新的問題，我首先想到從國家地理頻道側錄的節目摘取一點內容加入有關通俗科學介紹的部分，我首先挑選出來的就是量子力學，特別是其中的量子纏結。

從量子纏結這一段精彩的 scholarly popularization 我們可以看得出來當代頂尖的科學家提供的有關現實世界宇宙的真實的知識真是比任何的宗教、任何的哲學、任何的神話想

像都要來得奧祕，來得匪夷所思。摘取這一段對於內容將提供什麼幫助，在這裡我先簡單結束這幾次的說明，

「這世界不只比我們所想像的來得奇特，甚至比我們所能想像的還要更奇特。」

「讓一千個哲學家花一千年的時間，讓他們整天思想各種稀奇古怪的事情，他們也想不出比量子力學更奇怪的東西。」

牛頓曾經說過：「時間不斷流逝，對此我們無能為力。」在牛頓的眼中時間就像一條流動的河流，牛頓對於時間的看法雖然合理，愛因斯坦卻看出來事實並非如此，他說過：「……我們一旦知道你的現在可以是我以為的過去，或你的現在可以是我以為的未來，你的現在和我的未來同樣千真萬確，那麼我們便知道過去絕對是真的，未來也絕對是真的，那些可能是你的現在，也就是過去、現在和未來同樣真實也全都一樣存在。你若相信物理定律（看愛因斯坦從自己的狹義相對論的 initial frame 推導出勞倫茲轉換定律……。從理論的建構，實驗的驗證，一切的推論如此的確實，伯爵非常清楚），未來和過去與現在同樣真實，過去尚未過去，未來也並非不存在。過去、未來和現在以相同方式定存。就如同我們認為所有的空間都存在，我們也應該認為所有的時間都存在。所有已經發生或即將發生的事全都存在，每一瞬間永恆凝結固定，時間根本不曾流動，或許時間比較像一條冰凍的河流，每一瞬間凝結固定，過去、現在、和未來的差別雖然深植人心，但不過是錯覺。」愛因斯坦曾經如此說過！（你開始錯亂了嗎？神經衰弱了嗎？）

雙胞胎詭論聽說過嗎？

伯爵再隨興，引一小段國家地理頻道節目裡面的東西：或許宇宙之中所有的東西，從星系到恆星到你和我，甚至空間本身，是儲存在你我周遭遙遠的二度表面所投射出來的資訊而已。換句話說，我們所體驗到的實境或許只是全像圖那種東西，三度空間是不是幻覺，如同全像圖是幻覺那樣？或許吧，我認為我傾向相信三度空間是某種幻覺，而最終的精確實境是在宇宙表面的二度空間實境。

量子纏結現象提示的許多事情：「讓一千個哲學家一千年的時間，每天想像各種千奇百怪的事物，他們也想不出來比量子力學更奇特的東西。」

「世界不只比我們想像的奇特，甚至比我們所能想像的更為奇特。」

「談到量子力學，只要曾經一窺其堂奧，你對世界的看法就會完全改觀。」

「量子論並沒有真正說明事物；事實上，量子力學的奠基人很為他們放棄說明事物而感到驕傲。他們以僅處理現象而深感自豪。他們拒絕考察現象的背後，把這看作是人們為與自然達成協議而不得不付出的代價。歷史事實表明，在顯微物理學的水平上，曾對實在世界持不可知觀點的人是非常成功的。」〔另外一些人士，包括愛因斯坦在內，看法不一樣；「……這些人採取古典觀點，提出一理論，其中保留有客觀實體的概念。這些理論通稱為隱變量理論（Hidden Variable Theory）。到目前為止，沒有一個隱變量理論和量子力學一樣成功。但是誰能保證隱變量的想法永遠不會成功

呢？」〕

「這是量子力學裡面最詭異的一件事情，甚至連理解這回事都是不可能的，千萬別問我爲什麼？也別問我它是如何運作的？因爲這是無解的問題，我們只能說顯然世界就是這個樣子運作的。」當代頂尖科學家談到量子纏結時候說的一段話。

事實上我們的現實世界比我們所想像的更爲盛大，更奇特，也更神祕。

MAX TEGMARK MIT：「對我而言這世界實在太美麗，讓人驚嘆敬畏不已。」

EDWORD FARHI MIT：「科學之美就是讓我能學到超乎自己最大想像的事物，而量子力學正是這樣的象徵。」

1. 和空間有關的一些例釋說明

(1) 空間和時間的量子化

普朗克長度（Planck length，ℓ_P）：在這個長度範圍內，古典的重力與時空觀念不能適用，也就是長度的最小單位，差不多等於 1.6×10^{-33} 公分。空間量子化，時間也量子化，以光速經普朗克長度的時間，就稱爲普朗克時間（Planck time），約爲 5.39×10^{-44} 秒，也是時間的最小單位。

$\ell_\text{P} = \sqrt{\dfrac{hg}{2\pi C^3}}$，其中 h 是普朗克常數，g 是重力常數，

C 是光速。

電視科學新知影片說：

「空間不是無（Nothing），而是某物（Something）
……，把空間中的所有物體拿掉，它還是單一實體……，眞
實且有彈性……。空間不是靜止的舞台，而是有其性質，空
間眞有其物，可以被扭曲……。空間藏有看不見、無法量度
的暗物質、暗能量，可從它的影響效應看出，將宇宙中星
球向外推開的力量……。宇宙常數的假設……。空間眞有其
物，可以扭曲……。最虛無的空間影響物質的存在……。暗
能量，滿空間的神祕物七成是暗能量、虛無空間本身的質
量，粒子存在與消失……。無中生有與消滅，虛無空間並不
虛無……。」

「二維實境的三維全像幻境……。宇宙裡面二維實境，
資訊存在二維，資訊投射……。三維全像幻境……。」

「總結，時間、空間、蟲洞、反物質、黑洞……、外星
世界、外星人……。」

(2) 陀螺儀實驗

耗時四十多年，花費超過七億五千萬美元，最後在二
〇〇四年四月發射……。四個自由漂浮的陀螺儀連接在一個
望遠鏡上，對準一顆遙遠的恆星，如果太陽會扭曲，那麼隨
著時間，陀螺儀便不會再對準那顆恆星……，會像是從一百
公里遠的地方測量一分錢硬幣的高度……。顯示陀螺儀軸心
的偏移量，幾乎和愛因斯坦方程式預測的一致：「我認爲這
是你第一次用肉眼就能看到愛因斯坦的理論，這理論提供了
史上最直接的證據，空間是眞有其物，像是布料一樣的實

體，到頭來，如果空間什麼都不是，就沒有東西可以扭曲了。」

(3) 希格斯場、希格斯粒子

「……最虛無的空間影響物質的存在……。」

「量子顯微級距的眞空中，微粒不斷無中生有，不斷消失無蹤，一個微粒極速飛舞、生出又消滅的世界。」

「各種粒子具有不同的質量，粒子在空間的海洋中取得質量，粒子經過空間的海時，推擠而過，推擠互動越多，取得的質量越多……。」

「希格斯場、希格斯粒子，各不同微粒所具不同質量，是因爲經過希格斯海中各自擠出不同的質量……。科學家巨型實驗……，地下 50 尺加速器設備直徑……，總長……，花費 100 億美元，動員全世界有關科技人員 3500 人，造成光速 99.9% 的強粒子碰撞……，想要找出、碰撞出奇特粒子……，也就是敲掉希格斯粒子，使其跑出空間，也就是將空間剝下一小片……。此實驗結果數據，需先進電腦加上科學家經 5 年分析才知其結果。」

科學家說：「希格斯粒子，希格斯場的假設如果不成立，則一切無法理解……。」

「……眞空中兩極度靠近的二平行金屬板被推擠拉扯在一起，因爲眞空中顯微級距的觀察，微粒不斷的出生、消滅與快速活動，眞空中兩平行金屬皮因兩板之間過於靠近，無法容納微粒在其中活動，受兩板外測微粒的衝擊而推擠在一起。」

古典物理的簡單定律中即可看出空間的「存在」及「性質」。

牛頓第一定律（伽利略實驗推論在先），物體在空中不受外力（或外力合力為零）則靜者恆靜，動者依等速前進。

如果加以留意體會不難發現這裡不僅陳述了物體奧妙的性質，也陳述了空間本身奧妙的性質，尤其看出物體與空間兩者之間密不可分的關係。

同類的情形見之於磁場、電場在空間中的分布及其定性與定量的性質、電磁波（包括光波）在空間中的運行，（包括光速萬有性，狹義相對論的兩個 initial frame）等等可以看出空間、物體、光、磁、電等等密不可分的本質，將空間視為物質的廣表，磁是空間的一個部分等等，或所有上述各種事象都是同一自然的不同表象，本來就熔於同一爐中？事物的本性比空間、時間、物質、磁、電、光更為根本？

2. 從兩基本假設到洛仁茲轉換式推導過程的補充淺釋說明

愛因斯坦狹義相對論兩基本假設架構（initial frame）到愛因斯坦—洛仁茲轉換式的推導（給洛仁茲轉換式予物理意義）。

「愛因斯坦認為應以明確的實驗步驟來作時間的定義。例如由兩不同地點的時間校準，定義兩地兩事象的同時意義。有了在兩不同地點的同時意義，量一個在運動中的物體的長度，才有確切的意義。

在仔細討論時鐘的校準及同時的意義之前，需要考慮到**光的訊息傳遞需要時間**這一因素。」

　　愛因斯坦提出兩項基本的假設，作爲討論兩相對等速運動座標之間，描述物理現象關係的基石：

　　(1) 相對性原理，對所有作等速相對運動的坐標系，物理定律的形式皆相同。

　　(2) 對所有作等速運動的坐標系，光在眞空的速度是同一恆等值 c。由此二假設所建立的物理觀，即**狹義相對論**。

　　按這個相對性原理和光速 c 的基本假定，愛因斯坦使每坐標系上各點均以光的信號校準其時鐘，每一個事件均以時空坐標（x，y，z，t）來標定，愛因斯坦很簡易的導得兩個坐標系（相對運動速度爲 v）對同一個事件的描述（x，y，z，t）和（x'，y'，z'，t'）間的關係，這關係正是洛仁茲的**變換**！和洛仁茲理論的大不同處，是這些變換方程式和兩時刻 t、t'，不再是純數學的結果，而具有清楚的物理意義。

　　「光在眞空中的等速假設，可用來校對時間。例如坐標系 O 上的甲、乙兩地，在 t_0 時刻由甲地發出一訊號，抵達乙地時爲 t，此光訊經反射返回甲地之時刻爲 t_1，則我們可由 t_0 及 t_1 來校訂乙地收到光訊的時刻 $t = \frac{1}{2}(t_0 - t_1)$，同法可校準同一坐標系上所有的時鐘，使其同步。

　　上述的**校對**法，是基於一極重要的事實，即任何訊息的傳遞，皆不能有無限大的速率。例如，我們所知的最大傳播速率是光速 c，c 約爲 3×10^8 公尺／秒。爲方便計，我們即以光（亦即電磁波）訊號爲**校對**各地時鐘的工具。此外，此**校對**法隱含了一個基本假設，即光之由 A 到 B，及由 B 返回 A，作兩相反方向傳播的速率相同。這是一個很自然的假

設，因爲我們沒有理由以爲它們不同。我們要記著，這仍是一個假設。」

愛因斯坦—洛仁茲坐標變換

按相對性原理和眞空中光速 c 的基本假設，愛因斯坦推導得兩個以等速相對運動的坐標系上，同一時空坐標系（x，y，z，t）或（x'，y'，z'，t'）間的變換關係。設 O 系靜止，O' 系沿 O 的 X 軸以 v 等速進行。在兩系交會之際，於原點發出一訊號，在兩個系中，光的傳播方式如下

$$\text{S 系：} x - ct = 0 \qquad\qquad x + ct = 0$$
$$\text{S' 系：} x' - ct' = 0 \qquad\qquad x' + ct' = 0$$

t，t' 乃在 S 與 S' 中各自校對好（在各處的）鐘的時間。

我們假設：對同一現象，S 與 S' 所作的描述有一對一的對應關係。

這要求的最簡單表示，乃二種描述間有線性的關係，即

$$x' - ct' = \lambda(x - ct)$$
$$x' + ct' = \mu(x + ct) \qquad \lambda, \mu = \text{常數}$$

如使

$$a = \frac{1}{2}(\lambda + \mu) \quad b = \frac{1}{2}(\lambda - \mu)$$

則得

$$x' = ax - bct$$
$$ct' = -bx + act \qquad\qquad （\text{D-A2}）$$

$$或\ x = \frac{1}{1 - \left(\frac{b}{a}\right)^2}\left[\frac{1}{a}x' + \frac{b}{a^2}ct'\right] \qquad (D\text{-}A3)$$

$$ct = \frac{1}{1 - \left(\frac{b}{a}\right)^2}\left[\frac{b}{a^2}x' + \frac{1}{a}ct'\right]$$

O' 點之 x' = 0，故

$$x = \frac{b}{a}ct$$

由 S 看，O' 之速度爲 v，故

$$x = vt$$

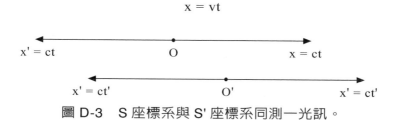

圖 D-3　S 座標系與 S' 座標系同測一光訊。

茲取 S' 中靜止的長度 Δx'。由式（D-A2），可得

$$\Delta x' = a\Delta x - bc\Delta t$$

　　Δx 乃在 S 量得的長度，但量此長度 Δx，必須同時的量其兩端，即

　　Δt = 0，如 Δx' 乃 S' 的長度單位（Δx' = 1），則

$$\Delta x = \frac{1}{a} \cdot 1 \qquad (D\text{-}A5)$$

此乃謂 S' 中一單位長度，在 S 中爲 1/a

同理，在 S 中一單位長度 Δx = 1，在 S' 的長度 Δx' 乃由式（D-A3）、（D-A4）

$$1 = \frac{1}{1 - \beta^2} \cdot \frac{1}{a} \Delta x' \quad (\Delta t' = 0) \qquad （D\text{-}A6）$$

惟按相對原理，S 與 S' 的相對關係係互相對稱的，亦即

$$\Delta x = \Delta x'$$

由式（D-A5），（D-A6），（D-A4），即得

$$a = \frac{1}{\sqrt{1 - \beta^2}} \quad b = \frac{\beta}{\sqrt{1 - \beta^2}}$$

由式（D-A3）即得

$$x = \frac{1}{\sqrt{1 - \beta^2}} = (x' + vt') \qquad （D\text{-}A7）$$

$$ct = \frac{1}{\sqrt{1 - \beta^2}} = (\beta x' + ct')$$

此正是 D-4 式的洛仁茲變換。此處與第 D-1(2) 節之不同點，乃（x，t），（x'，t'）係同一事象（一個點，代表一事象發生的位置和時間）在兩個以等速 V（沿它們的 X 軸）作相對運動的系統的座標，故（x，t），（x'，t'）是有確切物理意義的，不若 t' 在洛仁茲原來「理論」中是無物理意義的。

上述是狹義相對論的基本意義，這個理論的數學形式，即是洛仁茲變換關係（D-4 式）。由這變換關係，可以導出許多結論。

　　筆者略爲加以若干簡單說明

　　同一發生的事象在兩不同時空坐標系上會有兩不同的坐標值。

　　對於兩相互作等速運動的坐標系，同一事象的兩不同坐標值（x，t）和（x'，t'）之間假設具有固定的轉換式。

　　我們假設如此的轉換式是線性的，因爲無論指數、對數、錐線……各種函數的假設都不切實際，唯有線性的函數是合理的假設，尤其之前已先有勞侖茲轉換式，一次的線性轉換式存在在先，我們的目標明顯在於推導出一個如此的線型的轉換式，從兩基本假設中推導出如此的轉換式，也就是給予物理意義。

　　同一事象對於兩不同時空坐標系的兩不同坐標值（x，t）和（x'，t'）中 x、t、x'、t' 此四個數值之間如果具有轉換式的函數關係，而且假設其爲線性的，其普遍形式應爲

$$x + At + Bx' + Dt' + E = 0$$

這是一個不定方程式，含有 4 個未定常數。下面將依據基本假設架構提出有用的假設式子。

　　依據兩基本假設第二條（光速萬有性）

$$x - ct = 0 \qquad x' - ct' = 0（請看原文）$$

同一光訊號所經過的無限多時空點（往 x 軸和 x' 軸正向）每一時空點對兩坐標系的兩組坐標值均滿足 x − ct = 0 和 x' − ct' = 0

我們假設一線性關係式

$$(x - ct) = u(x' - ct') \quad （說明①）$$

也就是 $(x - ct) - u(x' - ct') = 0$

這是一個 x、t、x'、t' 4 個函數構成的線性關係式，同樣可以滿足無窮多不同的 x、t、x'、t' 數值組合（給予三個值即可解出第四個值，假設 u 爲固定常數，這是不定方程式）。

這個式子和上述 x + At + Bx' + Dt' + E = 0 的式子不同之處在於它只有一未定常數，尤其是它必定同時滿足 x - ct = 0、x' - ct' = 0

這個式子已運用到兩基本假設中的第二條。

現在假設上述光訊號所經過的任一時空點的坐標值爲（x，t）和（x'，t'）。

現在將這任一時空點兩組坐標值代入上述式之中則得到 $(x - ct) - u(x' - ct') = 0$

也就是說上面式子中有無限組的 x、t、x'、t' 可以代入其中滿足該式，特別是它滿足上述光行路徑所有任一時空點兩坐標值（x，t）和（x'，t'）代入成立與滿足一時空點兩組坐標值的線性關係。

同樣的情形

$$(x + ct) - \lambda(x' + ct') = 0 \quad 也就是 (x + ct) = \lambda(x' + ct')$$

此一線性關係式可以代入無限多組 x、t、x'、t'

而成立與滿足，特別是其中包含光行 x 軸和 x' 軸負向所有時空點的兩組坐標值（x，t）、（x'，t'）代入成立與滿足一時空點兩組坐標值的一線性關係。

將兩式聯立

$$(x - ct) - u(x' - ct') = 0$$
$$(x + ct) - \lambda(x' + ct') = 0$$

這兩式聯立，共同的 x、t、x'、t'，在無限多組不同的 x、t、x'、t' 可以代入滿足此一聯立式（u、λ 為未知常數）。

上列聯立式有 4 未知數，但只有兩個式子，代入任意繪定一組（x，t）或（x'，t'）值可以得到兩聯立式兩未知數，因此可以解出未知的另一組坐標值，由於這聯立方程式總是同時滿足 x − ct = 0 和 x' − ct' = 0 也就是一事象對兩個相互作等速運動的坐標系的兩組坐標值（x，t）和（x'，t'）可以同時代入而滿足，同時這聯立方程式一樣總是同時滿足 x + ct = 0、x' + ct' = 0 也就是一事象對該兩個相互依等速運動的坐標系的兩組坐標值（x，t）和（x'，t'）可以同時代入而滿足。也就是說上述聯立方程式，此一不定方程式組滿足前述光行路徑（x 軸 x' 軸正向和負向）中每一事象點對應兩組坐標值的線性關係，既然能夠滿足如此部分的事象點的坐標之間的線性關係，我們進而假設它滿足所有事象點對兩坐標系的坐標值的線性轉換關係，從上列聯立方程式可以看出那是一對一的轉換關係。〔此處稍作提醒，兩聯立方程式中第一式的 x、t、x'、t' 和第二式的 x、t、x'、t' 因其聯立（交集）所表的是相同的數。〕

　　愛因斯坦提出狹義相對論兩基本架構，從這兩基本架構推導出一時空點對兩相互作等速運動坐標系的兩組坐標值之間的一對一轉換式。

　　①之前已有勞侖茲轉換式的提出，只是未具明確物理意義。

　　②愛因斯坦假設如此的轉換式之存在，並且由兩基本假設架構推導出此一轉換式，同時給予勞侖茲轉換式明確物理意義。

　　③先假設此一轉換式之存在，而且是線性關係式的（之前的勞侖茲轉換式就是線性的，此外假設二次錐線關係則兩組坐標之間不再是一對一的轉換，如此的假設不切實際，也不合理）。

　　④經過上述一番設計、假設與推論，我們合理假設如此的轉換式即如上列的聯立式子

$$(x - ct) - u(x' - ct') = 0$$
$$(x + ct) - \lambda(x' + ct') = 0$$

（聯立式取交集，因此聯立式中第一式和第式中的 x、t、x'、t' 是同一）

　　如此的假設動用了兩基本架構中第二條，即光速萬有性。

　　接下來利用基本假設架構中的第一條。

　　引入兩坐標系相互等速運動的速度 V，推論出轉換式（上列聯立式中的未知常數 u 和 λ 得以解出，由 V 和 C 等已知常數間接表之。）

（簡單附加說明到此）

依據兩 initial frame 加以巧妙假設與簡單數學推演，推導出的是一個代表同一事象對於兩相互作等速運動的坐標系所具兩組坐標值的一對一的線性轉換式。

後半部推導過程引用到 initial frame 的第一條，關鍵在於 $\Delta x = \Delta x'$ 這一部分敘述頗清楚，茲不再另加以說明。

此式中（x'、t'）、（x、t）表任何同一事象發生時空點（下述光行路途上的時空點只是其中特殊例子，包括在其中的）的二種描述，而非只限制光沿 x 軸與 x' 軸正向所行經的各點。

假設二種描述間有線性的關係，則因為所有同一事象所處時空點必包括光沿 x 軸正向（同時 x' 軸正向）因此任何線性關係必可整理成 $x' - ct' = \lambda(x - ct)$ 一式。

同理考慮到光沿 x 軸負向（同時 x' 軸負向），則 $x' + ct' = u(x + ct)$ 亦然。

國家圖書館出版品預行編目資料

紅樓論集：認識的基本原型／Graf S.C.
　Tsai（伯爵），蔡元正著. ——初
版. ——臺北市：五南圖書出版股份有
限公司, 2024.05
　面； 公分
ISBN 978-626-393-291-3（平裝）

1.CST: 知識論

161　　　　　　　　　　113005461

4B26

紅樓論集：認識的基本原型

作　　　者 — Graf S. C. Tsai（伯爵）、蔡元正

發 行 人 — 楊榮川

總 經 理 — 楊士清

總 編 輯 — 楊秀麗

副總編輯 — 王正華

責任編輯 — 張維文

封面設計 — 鄭云淨

出 版 者 — 五南圖書出版股份有限公司

地　　　址：106台北市大安區和平東路二段339號4樓

電　　　話：(02)2705-5066　　傳　　　真：(02)2706-610

網　　　址：https://www.wunan.com.tw

電子郵件：wunan@wunan.com.tw

劃撥帳號：01068953

戶　　　名：五南圖書出版股份有限公司

法律顧問　林勝安律師

出版日期　2024年5月初版一刷

定　　　價　新臺幣360元